中等职业学校公共素质教育系列教材
"以先进企业文化为导向的职业院校
职业素养课程开发研究"课题成果

京师职教
Jingshi Vocational Education

U0734142

（第2版）

体态礼仪与
形体训练

TITAI LIYI YU XINGTI XUNLIAN

付桂英　主　编

北京师范大学出版集团
BEIJING NORMAL UNIVERSITY PUBLISHING GROUP
北京师范大学出版社

图书在版编目(CIP)数据

体态礼仪与形体训练(第 2 版)/付桂英主编. —北京：北京师范大学出版社，2016.3(2021.8 重印)
ISBN 978-7-303-20111-2

Ⅰ.①体… Ⅱ.①付… Ⅲ.身势语—礼仪—专业学校—教材②形体—健身运动—中等专业学校—教材
Ⅳ.①K891.26②G831.3

中国版本图书馆 CIP 数据核字(2016)第 030083 号

营 销 中 心 电 话　010-58802755　58800035
北师大出版社职业教育分社网　http://zjfs.bnup.com.cn
电 子 信 箱　bsdzyjy@126.com

出版发行：北京师范大学出版社　www.bnupg.com
　　　　　北京市西城区新街口外大街 12-3 号
　　　　　邮政编码：100088
印　　刷：北京玺诚印务有限公司
经　　销：全国新华书店
开　　本：787 mm×1092 mm　1/16
印　　张：13.75
字　　数：290 千字
版　　次：2016 年 3 月第 2 版
印　　次：2021 年 8 月第 21 次印刷
定　　价：32.00 元

策划编辑：姚贵平　庞海龙　　　责任编辑：庞海龙
美术编辑：焦　丽　　　　　　　装帧设计：焦　丽
责任校对：陈　民　　　　　　　责任印制：陈　涛

前　言

近年来，国家把发展职业教育摆在了突出位置。职业教育的办学条件、规模、水平都有了很大的提高，走上了一条又好又快的发展道路。作为播音与主持专业的中职学生，学生的体态与形体素质对学生的发展有着举足轻重的作用。为此，依据播音与节目主持专业教学标准我们编写了本书。

"严谨细致，以人为本"是本书的一大特点。本书着眼于学生的实际与未来职业素养提升的要求，旨在纠正学生的不良举止和姿态、培养高雅气质。同时，把中外名曲及现代音乐融入体态礼仪和形体训练中，提高学生的音乐修养。根本目的是努力提升学生的审美格调与表现美的能力，使其成为身心健康、气质优雅的高素质人才。

"深入浅出，通俗易懂"是本书的又一大特点。作者总结了多年的实际教学经验，参阅了大量教学实践案例。教材编排从体态礼仪训练开始，进行形体素质、形体基础训练；形体韵律训练安排了健美操、古典舞训练及民族民间舞蹈的学习，以提升学生的艺术修养。本书既方便教师指导，更方便学生练习。

本书分上下篇。上篇体态礼仪分为形体姿态、表情礼仪、手势与递接物礼仪、致意礼仪，主要塑造学生优雅的礼仪举止，陶冶情操，提高自身修养，丰富文化内涵，培养优雅的气质和风度。下篇形体训练分为形体素质训练、形体基础训练、形体韵律训练和形体展示，主要目的在于丰富学生的形体训练语汇，培养学生的形体表现力和审美能力，提高学生的内在修养，塑造优美的形体和高雅的气质。本书上下两篇共八个单元，既可作为一个完整的教学体系，每个单元亦可自成体系，独立实施。

本书教学可用 140 课时完成，上篇 40 课时，下篇 100 课时。教师可根据本校的实际，对书中的内容进行适当取舍，也可对教学顺序进行必要调整。

　　在教材编写中，参考了相关专家、学者的有关成果，得到了学校领导及相关老师的大力支持，在此一并表示感谢。

　　限于编者的水平，加之时间短、任务重，书中不足之处在所难免，敬请各位读者批评指正，以使本书不断完善。

目　　录

上 篇

体态礼仪

　　什么是体态礼仪？就是人们在社会的各种具体交往中，为了互相尊重，在身体体态方面约定俗成的共同认可的规范。体态又称举止，是指人的行为动作和表情，日常生活中的站、坐、蹲、走、手势和递接物礼仪、面部表情等，一举手一投足，一颦一笑都可以称为举止体态。体态是一种不说话的"语言"，是内涵极为丰富的语言，它是学习其他礼貌礼仪的基础。礼仪是社会文明的标志，是人在特定环境所要遵循的行为举止，是人受过良好教育的外在表现。端庄的举止是人们最常见的一种行为规范，是人与人交往的第一张名片。举止的高雅、得体与否，直接反映出人的内在素养；举止的规范、到位与否，直接影响他人对自己的印象和评价。"行为举止是心灵的外衣"，它不仅反映一个人的外表，也反映一个人的品格和精神气质。

　　本篇的体态礼仪针对中学生身体发育状况以及中等职业学校学生未来职业的基本素养——形态美、运动韵律美、举止风度美的要求，结合音乐对学生进行形体姿态和礼仪的训练，使之理解、掌握体态礼仪的训练方法。改善和调节学生已有的不良身体姿态，塑造优美的形体姿态和优雅的礼仪举止，培养优雅的气质和风度，还可以陶冶情操，提高自身修养，丰富文化内涵，培养学生的集体主义精神和良好的个人意志，全面提高学生的综合素质。

形体姿态

形体姿态是举止礼仪的重要内容。姿态美是一种极富魅力和感染力的美，它能使人在动静之中展现出自己的气质、修养、品格和内在的美。从某种意义上说，一个人的各种姿态，更引人注目，形象效应更为显著。姿态举止往往胜于言语而真实地表现人的情操。端正秀雅的姿态，从行为上展示着一个人内在的持重、聪慧与活力，可谓"此时无声胜有声"。形体姿态主要包括站、坐、蹲、走几个方面。

第一课　站　姿

站立是人们生活中最基本的一种举止。古人云"站如松"，是说人的站立姿势要像松树那样端直挺拔。正确健美的站姿给人以挺拔笔直、舒展俊美、精力充沛、积极进取、充满自信的感觉。男士要求刚毅洒脱；女士则应秀雅优美，亭亭玉立。站姿是一种静态美，是培养优美体态的基础，是发展不同质感动态美的起点。

一、标准站姿

（一）动作基本要领

第一，头正。双目平视，下颌微收，面带微笑。

第二，肩平。双肩平正，放松下沉。

第三，躯挺。挺胸、收腹、立腰、拔背。

第四，臂垂。双臂自然下垂于体侧。

第五，腿并。两腿并拢直立，大腿内侧肌肉夹紧，两脚跟相靠，脚尖展开45°～60°，身体重心主要支撑于脚掌、脚弓上。

第六，体直。从侧面看，头部、肩部、上肢与下肢应在一条垂直线上，如图1-1～图1-3所示。

图 1-1

图 1-2

图 1-3

（二）训练方法

五点靠墙。背墙站立，脚跟、小腿、臀部、双肩和头部紧靠墙壁，以训练整个身体的控制能力。

双腿夹纸。站立者在两大腿间夹一张纸，保持纸不松、不掉，以训练腿部的控制能力。

头顶书本。站立者按要领站好后，在头上顶一本书，努力保持书在头上的稳定性，以训练头部的控制能力。

两人背靠背。

对镜训练。可配合优美、抒情的慢板音乐。如古曲《春江花月夜》、巴赫的《d小调托卡塔与赋格》、理查德·克莱德曼的钢琴曲《水边的阿狄丽娜》等。

二、变化站姿

（一）女士

1. 前搭手站姿

（1）动作基本要领

第一，双目平视，下颌微收，面带微笑。

第二，头顶上悬，肩部下沉。

第三，两脚尖展开 45°～60°。

第四，挺胸、收腹、立腰、拔背。

第五，双手相搭（右手在上），置于腹前，如图 1-4 所示。

（2）训练方法

①双腿夹纸。

②头顶书本。

③对镜训练。

音乐同标准站姿。

2. 持文件夹站姿

动作基本要领：

第一，双目平视，下颌微收，面带微笑。

第二，头顶上悬，肩部下沉。

第三，两脚尖展开，右脚脚跟靠近左脚中部，重心置于两脚上。

第四，挺胸、收腹、立腰、拔背，手持文件夹，如图 1-5 所示。

图 1-4

> **小贴士**
>
> 训练方法
>
> 双腿夹纸。
>
> 头顶书本。
>
> 对镜训练。
>
> 音乐同标准站姿。

图 1-5

（二）男士

1. 后搭手站姿

动作基本要领：

第一，双目平视，下颌微收。

第二，挺胸、收腹、立腰、拔背。

第三，两脚平行开立，与肩同宽。

第四，双手在身后交叉，右手搭在左手上，贴在臀部，如图 1-6 所示。

> **小贴士**
>
> 训练方法
>
> 头顶书本。
>
> 对镜训练。
>
> 可配合充满朝气、富有激情的音乐。如岳飞词的古曲《满江红》、贝多芬的《第三交响曲》（命运）、理查德·克莱德曼的钢琴曲《蓝色狂想曲》等。

图 1-6

2. 提公文包站姿

动作基本要领：

第一，双目平视，下颌微收，面带微笑。

第二，挺胸、收腹、立腰、拔背。

第三，两脚分开，一手提公文包，一手置于体侧，如图1-7所示。

小贴士

训练方法

头顶书本。

对镜练习。

音乐同后搭手站姿。

图 1-7

第二课 坐 姿

优美的坐姿让人觉得安详舒适，古人云"坐如钟"，即坐要像钟一样端正。美的坐姿能给人端正稳重之感，它是体态美的重要内容。

一、地面坐姿

动作基本要领：

第一，盘腿而坐，手腕搭于膝上，双肘放松。

第二，头顶上悬，目视前方，面带微笑。

第三，立腰、拔背，保持直立感，如图1-8所示。

小贴士

训练方法

头顶书本。

对镜练习。

可配合轻柔、舒缓的音乐。如传统乐曲《渔舟唱晚》、贝多芬的《月光奏鸣曲——第一乐章》、理查德·克莱德曼的钢琴曲《秋日的私语》等。

图 1-8

二、标准坐姿

（一）动作基本要领

第一，面带笑容，嘴唇微闭，下颌微收，表情自然，目光平视前方或注视交谈对象。

第二，身体端正舒展，重心垂直向下或稍向前倾，腰背挺直。

第三，臀部至少坐满椅子的2/3，脊背轻靠椅背。

第四，女士双膝自然并拢；男士双膝微开，双腿正放或侧放。

第五，女士两手合握置于两腿间；男士既可把两手合握置于两腿间，也可把两臂自然弯曲放在腿上，如图1-9～图1-11所示，还可以放在椅子或沙发扶手上。

第六，谈话时，身体要与对方平视的角度保持一致，如图1-12所示。可以侧坐，此时上体与腿同时转向一侧。

图 1-9

图 1-10

图 1-11

图 1-12

（二）入座、离座动作要领

第一，从椅子后面入座。如果椅子左右两侧都空着，应从左侧走到椅前。

第二，不论从哪个方向入座，都应在离椅前半步远的位置立定，右脚轻向后撤半步，用小腿靠椅，以确定位置。

第三，女士着裙装入座时，应先双手轻拢裙摆，以显得娴雅端庄。

第四，入座时要轻、稳、缓。

第五，坐下之后，双脚并齐，双腿并拢。

第六，离座时，要自然稳当，右脚向后收半步，而后站起。

小贴士

训练方法

头顶书本。

对镜训练。

虚拟情景。

实地演练。

可配合优美、抒情的音乐。如何占豪、陈钢的《梁山伯与祝英台》、舒曼的《童年情景》、理查德·克莱德曼的钢琴曲《罗密欧与朱丽叶》等。

三、变化坐姿

（一）女士

1. 开关式坐姿

动作基本要领：

第一，坐正，女士双膝并紧。

第二，两小腿前后分开，两脚前后在一条直线上。

第三，两手合握置于两腿间，如图 1-13 所示。

小贴士

训练方法

头顶书本。

对镜练习。

分组练习。

音乐同标准坐姿。

图 1-13

2. 左侧点式坐姿

动作基本要领：

第一，坐正，女士双膝并紧，上身挺直。

第二，两小腿向左斜伸出，左脚脚跟靠近右脚内侧，左脚脚掌内侧着地，右脚脚跟提起。

第三，双手叠放置于右腿上，头转向左侧，如图 1-14 所示。

小贴士

训练方法

头顶书本。

对镜练习。

分组练习。

音乐同标准坐姿。

图 1-14

3. 左侧挂式坐姿

动作基本要领：

第一，在侧点基础上，将右脚提起挂在左脚踝关节处。

第二，两膝并严，上身向右转 45°。

第三，立腰、挺胸，如图 1-15 所示。

小贴士

训练方法

头顶书本。

对镜练习。

分组练习。

音乐同标准坐姿。

图 1-15

4. 侧身重叠式坐姿

动作基本要领：

第一，髋部左转 45°，头向右转。

第二，左腿重叠于右腿上，左腿向里收，左脚尖向下。

第三，立腰、挺胸、面带微笑，如图 1-16 所示。

训练方法

头顶书本。

对镜练习。

分组练习。

音乐同标准坐姿。

图 1-16

（二）男士

1. 前伸式坐姿

动作基本要领：

第一，坐正。

第二，两膝关节略开。

第三，两腿前伸，双脚在踝关节处交叉。

第四，两手合握置于两腿间，如图 1-17 所示。

训练方法

头顶书本。

对镜练习。

可配合宽广、奔放的慢板音乐。如刘文金的《长城随想》、德沃夏克的《第九交响曲》、理查德·克莱德曼的钢琴曲《海边的星空》等。

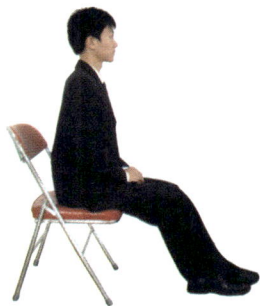

图 1-17

2. 后点式坐姿

动作基本要领：

第一，坐正，上体微向前倾。

第二，双小腿向后屈回，用右脚前脚掌着地，膝盖略开。

第三，两手合握置于两腿间，如图 1-18 所示。

图 1-18

3. 开关式坐姿

动作基本要领：

第一，坐正，双膝略开。

第二，两小腿前后分开，两脚前后在一条线上。

第三，两手合握置于两腿间，如图1-19所示。

图 1-19

4. 正身重叠式坐姿

动作基本要领：

第一，右小腿垂直于地面。

第二，左腿在其上重叠，左小腿向里收，脚尖向下。

第三，双手合握置于腿上，如图1-20所示。

图 1-20

第三课　蹲　姿

正确优雅的蹲姿可体现出个人良好的行为习惯和文明程度。日常生活中，蹲下捡东西或者系鞋带时一定要注意自己的姿态，尽量迅速、美观、得体，应保持大方、端庄的蹲姿。

一、基本蹲姿

动作基本要领：

第一，下蹲拾物时，站在所取物品的旁边，蹲下屈膝去拿，要慢慢地把腰部低下，应自然、得体、大方、不遮遮掩掩。

第二，下蹲时，两腿合力支撑身体，掌握好身体的重心。脊背保持挺直，臀部向下，避免弯腰翘臀的姿势。

第三，一脚在前，一脚在后，两腿向下蹲。前脚全着地，小腿基本垂直于地面，后脚跟提起，脚掌着地。

第四，下蹲时，应使头、胸、膝关节在一个角度上，这样蹲姿会更加优美。

第五，男士两腿间可留有适当的缝隙，女士则要两腿并紧，穿旗袍或短裙时需更加留意，以免尴尬。

第六，若用右手捡东西，可以先走到东西的左边，右脚向后退半步后再蹲下来。

小贴士

训练方法

对镜训练。

分组练习。

可配合安静、抒情的音乐。如任光的《彩云追月》、西贝柳斯的《芬兰颂》、理查德·克莱德曼的钢琴曲《思乡曲》等。

蹲姿，如图 1-21、图 1-22 所示。

行进中下蹲拾物，如图 1-23、图 1-24 所示。

图 1-21　　　　　图 1-22　　　　　图 1-23　　　　　图 1-24

二、变化蹲姿

（一）女士

1. 高低式蹲姿

动作基本要领：

第一，下蹲时，右脚稍后（不重叠），两腿靠紧向下蹲。

第二，左脚全脚着地，左小腿基本垂直于地面，右膝跪地，右脚脚跟提起，右脚前脚掌着地。

第三，右膝低于左膝，右膝内侧靠于左小腿内侧，形成左膝高、右膝低的姿态。

第四，臀部向下，基本上以右腿支撑身体，如图 1-25 所示。

小贴士

训练方法

头顶书本。

对镜练习。

分组练习。

音乐同基本蹲姿。

图 1-25

2. 交叉式蹲姿

动作基本要领：

第一，下蹲时右脚在前，左脚在后，右小腿垂直于地面，全脚着地。

第二，左腿在后与右腿交叉重叠，左膝由后面伸向右侧，左脚跟抬起，左脚前脚掌着地。

　　第三，两腿前后靠紧，合力支撑身体。

　　第四，臀部向下，上身稍前倾，如图1-26所示。

图 1-26

小贴士

训练方法

头顶书本。

对镜练习。

分组练习。

音乐同基本蹲姿。

（二）男士

高低式蹲姿是男士特有的蹲姿。动作基本要领：

第一，下蹲时，两腿之间可有适当的距离。

第二，右脚全脚着地，左脚稍后前脚掌着地。

第三，臀部向下，基本上以左腿支撑身体，如图1-27所示。

图 1-27

小贴士

训练方法

头顶书本。

对镜练习。

分组练习。

可配合雄浑、激昂的音乐。如叶小钢的《地平线》、贝多芬的《第五交响曲》、理查德·克莱德曼的钢琴曲《命运》等。

第四课　走　姿

　　走姿又称步态，它是一种动态美。每个人都是一个流动的造型体，优雅、稳健、敏捷的走姿，会给人以美的感受，产生感染力，反映出积极向上的精神状态。古人云"行如风"，就是用风行于水上的那种轻快自然来形容轻松自如的优美步态。良好的走姿应该是轻盈自如、矫健协调、敏捷而富有节奏感。

一、基本走姿

动作基本要领：

第一，双目向前平视，下颌微收，面带微笑。

第二，上身自然挺拔，头正、挺胸、收腹、立腰，重心稍前倾。

第三，双肩平稳、肩峰稍后张，大臂带动小臂自然前后摆动，前后摆幅在30°～40°。

第四，步位直。两脚尖略开，脚跟先着地，两脚内侧落地，走出的轨迹要在一条直线上。

第五，步幅适当。男性步幅（前后脚之间的距离）约 25 厘米，女性步幅约20 厘米，或者说前脚的脚跟与后脚尖相距约为一脚长。

第六，步速平稳、适中。根据服装、场合等综合因素决定步速。

第七，注意步态。步态，即行走的基本态势。性别不同，行走的态势应有所区别。男性步伐矫健、稳重、刚毅、洒脱、豪迈，好似雄壮的"进行曲"，气势磅礴，具有阳刚之美，步伐频率约每分钟 100 步；女性步伐轻盈、玲珑、贤淑，具有阴柔秀雅之美，步伐频率约每分钟 90 步。

第八，注意步韵。跨出的步子应是全脚掌着地，膝和脚腕不可过于僵直，应该富有弹性，膝盖要尽量绷直，双臂应自然轻松摆动，使步伐因有韵律节奏感而显优美柔韧，如图 1-28、图 1-29 所示。

图 1-28

图 1-29

小贴士

训练方法

摆臂练习。

迈步分解动作练习。

迈左腿时，右臂在前；迈右腿时，左臂在前。

动作连贯运用，反复练习。

可配合进行曲速度的音乐。如吴光锐、贾双、李明秀的《运动员进行曲》、鲁热·德·利尔的《马赛曲》等。

二、变向走姿

变向走姿是指在行走中，需转身改变方向时，采用合理的方法，体现出规范和优美的步态。

（一）后退步

动作基本要领：

与人告别时，应当先后退两三步，再转身离去，退步时脚轻擦地面，步幅要小，先转身后转头。

小贴士

训练方法

情境训练。

实地演练。

可配合进行曲速度的音乐。如郑律成的《中国人民解放军进行曲》、威尔第的《凯旋进行曲》等。

（二）引导步

动作基本要领：

引导步是用于走在前边给宾客带路的步态。引导时要尽可能走在宾客左侧前方，整个身体半转向宾客方向，保持两步的距离，遇到上下楼梯、拐弯、进门时，要伸出左手示意，并提示请客人上楼、进门等，如图1-30、图1-31所示。

图 1-30   图 1-31

小贴士

训练方法

情境训练。

实地演练。

可配合进行曲速度的音乐。如魏群的《欢迎进行曲》、迈耶贝尔的《加冕进行曲》等。

（三）前行转身步

动作基本要领：

在前行中要拐弯时，要在距所转方向远侧的一脚落地后，立即以该脚掌为轴，转过全身，然后迈出另一脚。即向左拐，要右脚在前时转身；向右拐，要左脚在前时转身。

小贴士

训练方法

情境训练。

实地演练。

可配合进行曲速度的音乐。如孟宪斌的《青春进行曲》、瓦格纳的《双鹰旗下》等。

三、不同着装的走姿

走姿要展现服装的特点。所穿服饰不同，步态应有所区别。一般讲，直线条服装具有舒展、庄重、大方、矫健的特点，而以曲线条为主的服装则显得妩媚、柔美、优雅、飘逸。不同着装走姿的动作要领：

（一）穿西装的走姿

第一，西服造型以直线条为主，应当走出穿着者挺拔、优雅的风度。

第二，上身挺拔，后背平正。

第三，两脚立直，走路的步幅可略大些。

第四，手臂放松伸直摆动，手势简洁大方。行走时男士不要晃动，女士不要左右摆髋，如图 1-32、图 1-33 所示。

图 1-32

图 1-33

（二）穿旗袍的走姿

第一，女士身体挺拔，胸微含、下颌微收，不要塌腰撅臀。

第二，步幅不宜过大，以免旗袍开衩过大，露出皮肉。

第三，两脚前后走在一条线上，脚尖略微外开。

第四，两手臂在体侧自然摆动，幅度不宜过大。站立时，双手可交叉于腹前，如图 1-34～图 1-36 所示。

图 1-34

图 1-35

图 1-36

（三）穿裙装的走姿

第一，穿着长裙要显出女性身材的修长和飘逸美。行走时要平稳，步幅可稍大些。转动时要注意头和身体相协调，调整头、胸、髋三轴的角度，如图 1-37 所示。

第二，穿着短裙要表现出轻盈、敏捷、活泼、洒脱的特点。步幅不宜过大，但脚步频率可以稍快些，给人以活泼、灵巧的风格，如图 1-38 所示。

图 1-37

图 1-38

（四）穿高跟鞋的走姿

女士在正式社交场合经常穿黑色高跟鞋。

第一，保持身体平衡。

第二，挺胸抬头，立腰拔背，收腹提臀。

第三，步幅不宜过大。

第四，膝关节不要太弯，臀部不要向后撅。

第五，大腿内侧夹紧，两脚跟前后踩在一条线上，脚尖略外开。

小贴士

训练方法

对镜练习。

分组训练。

可配合进行曲速度的音乐。如孟宪斌的《青春进行曲》、瓦格纳的《双鹰旗下》等。

思考与练习

一、思考

1. 什么是体态礼仪？

2. 体态礼仪训练对中学生有什么益处？

3. 形体姿态是由哪些内容构成的？

4. 站姿、坐姿、蹲姿、走姿的动作要领是什么？

二、创编练习

创编与练习内容：形体姿态——站姿、坐姿、蹲姿、走姿。

展现形式：小组创编的形体姿态组合。

目的：培养学生的创编能力和敢于表现、善于表现的能力，树立学生与多人合作共同完成任务的协作意识，并将所学的知识、技能运用到实践中，达到真正学会和掌握各种形体姿态的目的。

设计步骤：

1. 学习、掌握体态礼仪中站姿、坐姿、蹲姿、走姿中的各种动作，并按动作排出动作号码。

2. 制定编排设计要求：

(1)选择音乐。时间5分钟左右为宜。

(2)编排内容。展现站姿、坐姿、蹲姿、走姿等各种姿态。

(3)至少有四种队形变化和两种对比(高低、动静)的运用。

(4)分小组。多人共同参与创编形体姿态组合，6～8人为宜(根据学生具体情况而定)。

(5)用文字记录，用号码标明动作。

3. 分组创编。

4. 合音乐练习。

5. 小组展示各自创编的形体姿态组合，学生互评，教师点评。

第二单元

表情礼仪

表情是人内心的情感在面部、声音或身体姿态上的表现。当外部客观事物以物体的、语言的、行为的方式刺激大脑时，人就会产生各种内在反应即情感，这种情感会通过人体相应的表情呈现出来，表现在人的面部、身体、姿态、声音上。人们常说："情动之于心、形之于外、传之于声"就是这个意思。人的面部表情是复杂的。古人说："人身之有面，犹室之有门，人未入室，先见大门。"美国心理学家艾伯特·梅拉比安把人的感情表达效果总结为一个公式：感情的表达＝语言（7%）＋声音（38%）＋表情（55%）。比如打电话时虽看不到打电话的人，但表情却影响传过来的声音，没有哪一个人能以愤怒的表情说出优美和动听的问候语。可见表情在人与人之间的感情沟通上占有相当重要的地位。健康的表情留给人们的印象是深刻的，它是优雅风度的重要组成部分。对表情礼仪的总体要求是：热情、友好、轻松、自然。

从大体上说，人的目光、笑容是表达感情最主要的两个方面。

第一课　目　光

目光是面部表情的核心。在人际交往时，目光是一种真实的、含蓄的语言。眼睛是人体传递信息最有效的器官，它能表达出人们最细微、最精妙的内心情思。俗语说："眼睛是心灵的窗户。"从一个人的眼睛中可以看到他整个内心世界。一个良好的交际形象，目光是坦然、亲切、和蔼、有神的。特别是在与人交谈时，目光应该是注视对方，不应该躲闪或游移不定。

许多社会学家和心理学家的实验也表明，在人体的各个器官中，眼睛是最能传情达意的："人的眼睛与舌头所说的话一样多，不需要字典，却能够从眼睛的语言中了解整个世界。"社交活动中，眼神运用要符合一定的礼仪规范，否则往往被人视为无礼，给人留下不好的印象。

一、注视的时间

注视对方时间的长短是十分有讲究的。

（一）表示友好

向对方表示友好时，应不时地注视对方。注视对方的时间约占全部相处时间的 1/3。

（二）表示重视

向对方表示关注，应常常把目光投向对方那里。注视对方的时间约占相处时间的 2/3。

（三）表示轻视

目光经常游离对方，注视对方的时间不到全部相处时间的 1/3，就意味着轻视。

（四）表示敌意

目光始终盯在对方身上，注视对方身上的时间占全部相处时间的 2/3 以上，被视为有敌意，或有寻衅滋事的嫌疑。

（五）表示感兴趣

目光始终盯在对方身上，偶尔离开一下，注视对方的时间占全部相处时间的 2/3 以上，同样也可以表示对对方较感兴趣。

二、注视的角度

注视别人时，目光的角度，即目光从眼睛里发出的方向，表示着与交往对象的亲疏远近。

（一）平视

平视也叫正视，即视线呈水平状态。常用在普通场合与身份、地位平等的人进行交往时，如图 2-1 所示。

（二）侧视

侧视是一种平视的特殊情况，即位于交往对象的一侧，面向并平视对方，如图 2-2 所示。侧视的关键在于面向对方，若为斜视对方，即为失礼之举。

（三）仰视

仰视即主动居于低处，抬眼向上注视他人，以表示尊重、敬畏对方，如图 2-3 所示。

（四）俯视

俯视即向下注视他人，可表示对晚辈宽容、怜爱，也可表示对他人轻视、怠慢，如图 2-4 所示。

图 2-1   图 2-2   图 2-3   图 2-4

三、注视的部位

与人交谈时，目光应该注视着对方。但应使目光局限于上至对方额头，下至对方衬衣的第二粒纽扣，左右以两肩为准的方框中。在这个方框中，一般有三种注视方式：

（一）公务注视

一般用于洽谈、磋商等场合，注视的位置在对方的双眼与额头之间的三角区域内，如图 2-5 所示。

（二）社交注视

一般在社交场合，如舞会、酒会上使用。位置在对方的双眼与嘴唇之间的三角区域内，如图 2-6 所示。

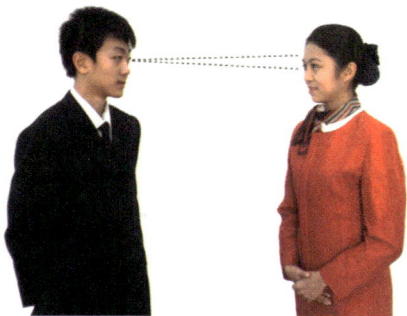   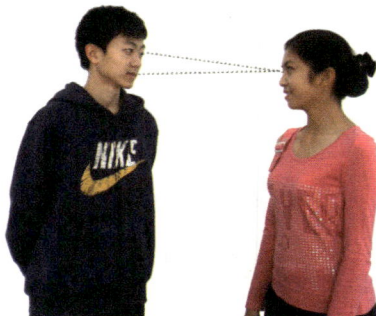

图 2-5   图 2-6

（三）亲密注视

一般在亲人之间、恋人之间、家庭成员等亲近人员之间使用，注视的位置在对方的双眼和胸部之间，如图 2-7 所示。

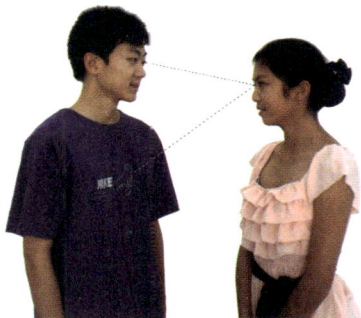

图 2-7

四、注视的方式

（一）直视

表示大方、坦诚。

（二）凝视

表示专注、恭敬。

（三）虚视

目光不聚焦于某处，眼神不集中。

（四）扫视

表示吃惊、好奇，对异性应禁厌。

（五）睨视

斜眼注视，表示怀疑、轻视。

（六）眯眼

惊奇，看不清楚。

（七）环视

有节奏地注视不同的人或事物，表示认真、重视。

（八）他视

表示胆怯、害羞、心虚、心不在焉。

（九）无视

漠视、不放在眼里、疲惫、无聊或没有兴趣。

五、眼睛的变化

（一）眼皮的开合

过快意味活跃、思索；过慢意味轻蔑、厌恶，有时不解。

（二）眼球的转动

反复转动意味着动心思；悄然挤动意味着向人暗示。

小贴士

目光的训练方法

对镜练习。

分组练习。

虚拟环境。

第二课　笑　容

　　笑容，即人们笑的时候的面部表情。人际交往时，表情应以喜、乐为主调。笑是最美好的形象。笑容有许多种类，轻笑、微笑、狂笑、奸笑、羞怯的笑、爽朗的笑、开怀大笑、尴尬的笑、嘲笑、苦笑等，不同的笑容表达了不同的感情，其中微笑是最美的。微笑是指不露牙齿，嘴角的两端略提起的笑，它是一种特殊的语言——"情绪语言"。

　　微笑是社交场合中最富吸引力、最令人愉悦，也最有价值的面部表情。它可以和有声语言及行动相配合，起"互补"作用沟通人们的心灵，它不但表现人际交往中友善、诚信、谦恭、和谐、融洽等最美好的感情因素，而且反映出交往人的自信、涵养与和睦的人际关系及健康的心理。不仅能传递和表达友好、和善，架起友谊的桥梁，给人以美好的享受。而且还能表达歉意、谅解。因此，微笑在社交、生活、工作中都有着非常深刻的内涵。微笑着接受批评，显示你承认错误但不诚惶诚恐；微笑着接受荣誉，说明你充满喜悦但不骄傲自满；遇见领导、老师，给一个微笑，表达了你的尊敬但无意讨好；微笑着面对困难，用笑脸迎接一个悲惨的厄运，用百倍的勇气来应付一切的不幸，说明你经得住考验和磨炼，你有战胜困难的勇气和信心。其实，温和、含蓄的微笑不仅是应付社交的手段，而且深寓着一个人的价值观。我国有句俗话叫"和气生财"，要成就一番事业需要天时、地利、人和，而微笑最易营造人和的氛围。

微笑是人生宝贵的无形资产，可以说成功从微笑开始。

微笑有其独特的魅力和作用，但若不是发自内心的真诚的微笑，那将是对微笑的亵渎。有礼貌的微笑一定要源自内心、发自肺腑、亲切自然、无任何做作之态。只有发自内心的微笑才富有魅力，让人愉悦欢心。不要为了讨好别人故作笑颜、满脸堆笑，那样的"微笑"则可能演变为"皮笑肉不笑"、"苦笑"。比如，拉起嘴角一端微笑，使人感到虚伪；吸着鼻子冷笑，使人感到阴沉；捂着嘴笑，给人以不自然之感。这些都是失礼之举。

微笑是自信的象征，是礼貌的表示，是心理健康的标志。在各种场合恰当地运用微笑，可以起到传递情感、沟通心灵、征服对方的积极心理作用。有人把微笑比作全世界通用的"货币"，因为它易被世界上所有的人接受。

一、微笑的动作要领

（一）口眼结合

要口到、眼到、神色到，笑眼传神，微笑才能扣人心弦。

（二）笑与神、情、气质相结合

这里讲的"神"，就是要笑得有情、笑得入神，要笑出自己的神情、神色、神态，做到情绪饱满、神采奕奕；"情"，就是要笑得亲切、甜美，要笑出感情，反映出内心的美好；"气质"，就是要笑出谦逊、稳重、大方、得体的良好气质。

（三）笑与语言相结合

语言和微笑都是传播信息的重要符号，只有注意微笑与美好语言相结合，声情并茂，相得益彰，微笑方能发挥出它应有的特殊功能。

（四）笑与仪表、举止相结合

以笑助姿、以笑促姿，形成完整、统一、和谐的美，如图 2-8 所示。

图 2-8

二、微笑的种类

（一）自信的微笑

这种微笑充满着自信和力量，一个人即使在遇到困难或危险时，若能微笑以待，那一定能冲破难关。

（二）礼貌的微笑

这种微笑像春风化雨，滋润人的心田。一个懂得礼貌的人，会将微笑当作礼物，慷慨地赠予他人。

（三）真诚的微笑

表现对别人的尊重、理解、同情。

三、微笑的训练方法

（一）对镜练习

为使双颊肌肉向上抬，口里可念着普通话的"一"字音，使眉、眼、面部肌肉、口型在笑时和谐统一。训练眼睛的"笑容"，可取厚纸一张，遮住眼睛下边部位，使笑肌抬升收缩，嘴巴两端做出微笑的口型，随后放松面部肌肉，眼睛随之恢复原形。

（二）诱导练习

调动感情，发挥想象力，或回忆美好的过去、愉快的经历，或展望美好的未来，使微笑源于内心，有感而发，真诚动人。

（三）情景训练

设计一段演讲或自我介绍，在讲述过程中要求使用规范、自然、大方的微笑与观众交流，克服羞怯心理。

思考与练习

一、思考

1.什么是表情礼仪？它的总体要求是什么？

2.表情礼仪训练主要有哪些内容？

3.目光训练的礼仪规范有哪些具体要求？请逐项说出。

4.微笑的魅力何在？它的动作要领是什么？

二、创编练习

创编练习内容：表情礼仪。

展现形式：小组编排的表情礼仪情境展示。

目的：培养学生的创编能力和敢于表现、善于表现的能力，树立学生与多人合作共同完成任务的协作意识，并将所学的知识、技能运用到实践中，达到真正学会和掌握表情礼仪的目的。

设计步骤：

1. 学习、掌握表情礼仪的各种姿态，并按动作排出动作号码。

2. 制定编排设计要求：

(1)选择音乐。时间4分30秒左右为宜。

(2)编排内容。展现表情礼仪的各种姿态。

(3)设计场景和人物。

(4)分小组。多人共同参与创编表情礼仪情景展示，6～8人为宜(根据学生具体情况而定)。

(5)用文字记录，用号码标明动作。

3. 分组创编。

4. 合音乐练习。

5. 小组展示各自编排的表情礼仪情境展示，学生互评，教师点评。

第三单元

手势与递接物礼仪

手势是人们交往中不可缺少的动作。递物与接物是生活中常遇到的一种举止。一个小小的递与接的动作，常常能体现一个人的修养。礼仪的基本原则之一是尊重他人。符合规范的手势、双手递物或接物体现了对对方的尊重，反映人的文明程度和修养。

第一课　手　势

手势即手臂姿态，是最有表现力的一种"体态语言"，俗话说："心有所思，手有所指"。手的魅力并不亚于眼睛，甚至可以说手就是人的第二双眼睛。手势表现的含义非常丰富，表达的感情也非常微妙复杂。如招手致意，挥手告别，拍手称赞，拱手致谢，举手赞同，摆手拒绝；手抚是爱，手指是怒，手搂是亲，手捧是敬，手遮是羞等。手势的含义，或是发出信息，或是表示喜恶、表达感情。能够恰当地运用手势表情达意，会为交际形象增辉。

一、常用手势

(一)横摆式手势

常用做"请进"的手势。即五指伸直并拢，掌心向上，然后以肘关节为轴，手从腹前抬起向右摆动至身体右前方，不要将手臂摆至体侧或身后。同时，脚跟并拢，脚尖略开(也可是右丁字步)，左手下垂，目视来宾，面带微笑。应注意，一般情况下站在来宾的右侧，并将身体转向来宾。当来宾将要走近时，向前上一小步，不要站在来宾的正前方，以避免阻挡来宾的视线和行进的方向，并与来宾保持适度的距离。上步后，向来宾施礼、问候，然后向后撤步，先撤左脚后撤右脚，将右脚跟靠于

图 3-1

左脚心内侧，站成右丁字步，如图 3-1 所示。

（二）直臂式手势

常用做"请往前走"的手势。即五指伸直并拢，掌心向上，屈肘由腹前抬起，手的高度与肩同高，再向要行进的方向伸出前臂。注意，在指引方向时，身体要侧向来宾，眼睛要兼顾所指方向和来宾，直到来宾表示已清楚了方向，再把手臂放下，向后退一步，施礼并说"请您走好"等礼貌用语，如图 3-2 所示。切忌用一个手指去指指点点。

（三）曲臂式手势

常用做"里边请"的手势。当左手拿着物品或推扶房门，而又需引领来宾时，即以右手五指伸直并拢，从身体的侧前方，由下向上抬起，上臂抬至离开身体 45°的高度，然后以肘关节为轴，手臂由体侧向体前左侧摆动成屈臂状，如图 3-3 所示。若右手拿着物品或推扶房门，则动作方向相反。

（四）斜摆式手势

常用做"请坐"的手势。当请来宾入座时，即要用双手扶椅背将椅子拉出，然后一只手屈臂由前抬起，再以肘关节为轴，前臂由上向下摆动，使手臂向下成一斜线，表示请来宾入座，当来宾在座位前站好，要用双手将椅子往前放到合适的位置，请来宾坐下，如图 3-4 所示。

图 3-2　　　　　　　　图 3-3　　　　　　　　图 3-4

（五）介绍手势

相互介绍是社交中常见而重要的一环。介绍是人与人之间相互沟通的出发点，其最突出的作用，就是缩短人与人之间的距离。在社交或商务场合，如能正确地利用介绍，不仅可以扩大自己的交际圈，广交朋友，而且有助于进行必要的自我展示、自我宣传，并且替自己在人际交往中消除误会，减少麻烦。介绍的礼仪礼节虽不必严格遵守，但了解掌握这些礼节就等于掌握了一把通往社交之门的钥匙。介绍手势的动作要领：在介绍某人时，应该掌心向上，以肘关节为轴，上身稍向前倾，以示尊敬，如图3-5所示。

图 3-5

在为他人做介绍时，可以遵循这样的顺序：把年轻的介绍给年长的；把职务低的介绍给职务高的。如果介绍对象双方的年龄、职务相当，就要遵从"女士优先"的原则，即把男士介绍给女士；对于同性，可以根据实际情况灵活掌握，比如把和你熟悉的介绍给和你不熟悉的；也可以从左到右或从右到左的介绍等。

（六）鼓掌手势

鼓掌、拍手，多表示高兴、赞成或欢迎。鼓掌，是一种手势，是一种象征，虽名为动作，却有深厚内涵。那是一种信念、力量、喝彩、鼓舞与奋起。鼓掌的动作要领：面带微笑，抬起两臂，抬起左手手掌到胸部，以右手除拇指外的其他四指轻拍左手中部。节奏平稳、频率一致，如图3-6所示。

二、手势的要求

图 3-6

（一）手势的使用要准确

在人际交往中，人们经常用手势传递各种信息和情感，为避免和克服手势的混乱与歧义，使对方能够清晰、准确、完整地理解自己的用意，应尽量准确使用手势。要用相似、近似的手势表达相同或相近的意思，用不同手势表达不同的意思，并使手势同口语表达的意思一致。

（二）手势的使用要规范、合乎惯例

比如介绍的手势、指示方向的手势、请的手势、鼓掌的手势等，都有其约定俗成的动作和要求，不能乱加使用，以免产生误解，引起麻烦。

（三）手势的使用要适度

手势语在交际中的作用显而易见，但并非多多益善；相反，在使用时应有所节制，如果使用太多或滥用手势，会使人产生反感，尤其是手势与口语、面部表情等不协调时，会给人一种装腔作势的感觉。

三、手势的禁忌

第一，在交往中，手势不宜过多，动作不宜过大，切忌"指手画脚"和"手舞足蹈"，要给人一种优雅、含蓄而彬彬有礼的感觉。

第二，在任何情况下都不要用大拇指指自己的鼻尖和用手指指点他人。谈到自己时应用手掌轻按自己的左胸，那样会显得端庄、大方、可信。

第三，一般认为，掌心向上的手势有诚恳、尊重他人的含义；掌心向下的手势意味着不够坦率缺乏诚意等。因此，在介绍某人、为某人引路指示方向、请人做某事时，应该掌心向上，以肘关节为轴，上身稍向前倾，以示尊敬。

第四，有些手势在使用时应注意区域和各国不同习惯，不可以乱用。因为各地习俗迥异，相同的手势表达的意思，不仅有所不同，而且有的大相径庭。

第五，日常生活中应避免某些不雅的行为举止。如当众搔头皮、掏耳朵、抠鼻孔、剔牙、咬指甲、剜眼屎、搓泥垢等，餐桌上更应注意。

小贴士

手势的训练方法

对镜练习。

分组练习。

情境训练。

实地演练。

第二课　递接物礼仪

递物与接物是生活中常常遇到的一种举止，一个小小的举止动作，也能体现一个人的修养。礼仪的基本原则之一是尊重他人，而双手递物或接物恰恰体现了对对方的尊重。

一、递交名片

名片是自我介绍的高雅工具。我国西汉时期将姓名刻于竹简木片上，用以通报姓名，称作谒，东汉时期称作名刺。名片之所以在现代社会中得到广泛应用，是因为它使用起来简便、灵活、文明。正常情况下，名片是一个人身份、地位的象征，也是使用者要求社会认同，获得社会尊重的一种方式，从某种程度上说还是使用者所在组织形象的一个缩影。所以名片交换应重视其礼仪效应，恰到好处地使用名片，会显得彬彬有礼，令人肃然起敬。交换名片是建立人际关系的第一步，一般宜在与人初识时、自我介绍之后或经他人介绍之后进行。

递送名片时，应面带微笑，正视对方，将名片正面朝向对方，恭敬地用双手的拇指和食指分别捏住名片上端的两角送到对方手中。如果是坐着，应起身或欠身递送，递送时可以说一些"我叫××，这是我的名片"或"请多关照"之类的客气话，递交名片要递交到对方手中。接受名片的人也应该起身或欠身，面带微笑双手恭敬地接过名片并说声"谢谢"、"能得到您的名片十分荣幸"、"久仰大名"等。收到名片后，要很好地确认对方的姓名和职务。如果遇到难读的姓氏时，要非常客气地请教对方："尊号怎么念?"或"对不起，您的姓氏很少见，请问如何读?"随后当着对方的面郑重其事地将他(她)的名片放入自己的名片盒或名片夹之中，千万不要随意乱放，别随手放在桌子或装在裤子口袋里，那样是对别人的不尊重，如图3-7所示。

图 3-7

二、递交文件、书籍资料

工作中有文件资料需要上级领导过目签字或向老师递交书籍资料时，应该用双手递上文件或资料，并且使文件的正面对着接物的一方，如图3-8所示。

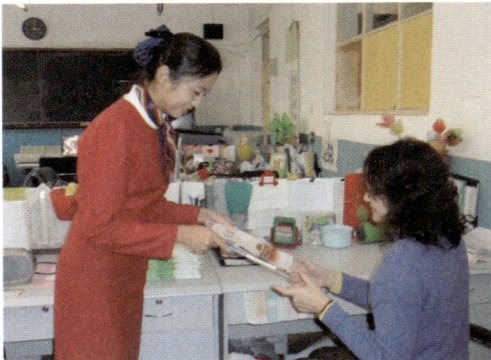

图 3-8

三、递交其他物品

　　把物品双手递交到对方手中体现对对方的尊重。递笔、刀剪之类尖利的物品时，需将尖端朝向自己握在手中，而不要指向对方。接受对方恭恭敬敬递过来的物品，都应该同样用双手去接，并以适当的方式致意或道谢。请注意：越是正式庄重的场合，初次相识的人之间、身份地位悬殊越大越要讲究礼仪。需提示的是，与外宾打交道，递接物品可先留意对方是用单手还是双手递接，随后再跟着模仿。比如在泰国、印度、马来西亚和中东等一些国家都用右手拿东西，忌用左手。给别人递东西也都用右手以示尊重。他们认为左手是用来洗澡、上厕所的，是不干净的。日本人则喜欢用右手送自己的名片，左手接对方名片，如图3-9所示。

图 3-9

小贴士
训练方法
对镜练习。
分组练习。
情境训练。
实地演练。

思考与练习

一、思考

1. 手势有几个基本内容？它们各自的动作要领是什么？

2. 递接物礼仪的种类有几种？动作要领是什么？

二、创编练习

创编练习内容：手势和递接物礼仪。

展现形式：小组表演编排的手势和递接物礼仪。

目的：培养学生的创编能力和敢于表现、善于表现的能力，树立学生与多人合作共同完成任务的协作意识，并将所学的知识、技能运用到实践中，达到真正学会和掌握各种手势和递接物礼仪的目的。

设计步骤：

1. 学习、掌握手势和递接物礼仪各种规范动作，并按动作排出动作号码。

2. 制定编排设计要求：

(1)选择音乐。时间5分钟左右为宜。

(2)编排内容。展现手势和递接物礼仪的各种姿态。

(3)设计场景和人物。

(4)分小组。多人共同参与创编手势和递接物礼仪，6～8人为宜(根据学生具体情况而定)。

(5)用文字记录，用号码标明动作。

3. 分组创编。

4. 合音乐练习。

5. 小组展示各自编排的手势和递接物礼仪，学生互评，教师点评。

第 四 单 元

致意礼仪

致意即见面打招呼。在现代社会，见面礼是人与人之间交往的第一个步骤，它在礼仪学中占有重要地位。无论哪个国家、哪个民族、哪种信仰的人，见面时都要施用各种各样的见面礼。我国常用的致意有：招手致意、点头致意、握手礼、鞠躬礼、注目礼等。

第一课　招手致意与点头致意

一、招手致意

招手致意是生活中常用的礼节。就是平常说的"招招手"、"打招呼"。正确姿势应该是：无论是处于坐姿、站姿，还是行走姿态中，都要举起右手，掌心向前朝向致意的对象略加挥动，以便引起对方的注意。这个礼节适用在会场上，或是在大街上，遇见熟人而来不及握手或不便交谈时，都应该招手致意，千万不可视而不见、见而不理，同时还可以点头微笑，表示友好。如果是在机场或车站与朋友分别的场合，还可以以肘关节为中心频频挥手，表示再见、珍重，如图4-1、图4-2所示。

图 4-1

图 4-2

二、点头致意

　　点头微笑致意也是一种常用礼节。左右邻居，早晚相见，可以点头致意，表示友好。正确姿势应该是屈颈、收颏，上身可以微微前倾，如图4-3、图4-4所示。"点头致意"与"点头同意"又有区别。"点头同意"古代称为颔首。韩愈诗云："玉皇颔首许归去，乘龙驾鹤来青冥。"表示同意的点头，动作更小、更轻。别看这"点头致意"之礼事情小，它却显示出一个人的风度、修养和礼数。在公众场合，千万不可傻傻地盯着人家，既不说话，也不点头，好像是在等待别人主动来与自己打招呼似的，那是最没有礼貌的表现。

图 4-3

图 4-4

小贴士

训练方法

对镜练习。

分组练习。

情境训练。

实地演练。

第二课　握手礼

　　握手是石器时代穴居人留下的一种遗俗。那时人们在狩猎的过程中，手中拿着武器，当与陌生人相遇时，若双方都无恶意，不想发生冲突，就要放下手中的武器，然后向对方敞开右手掌亮出掌心，或让对方摸摸手心以示友好，随着时代的变迁，此种遗俗逐渐演变成一种两手相握的礼节方式。现在大多数国家的人们已将握手礼视为一种习以为常的见面礼的仪式。现代人握手时表示的含义很多：见面时表示友好、欢迎、寒暄；告辞时表示送别；也表示对他人的问候、感谢、慰问、祝贺、安慰等。

一、握手的顺序

握手讲究"尊者为先"的握手顺序，即应由主人、女士、长辈、身份或职位高者先伸手，客人、男士、晚辈、身份或职位低者方可与之相握。

二、握手的种类

(一)单握式

单握式握手，即平等式握手，这是最普通的握手方式。行握手礼时，距受礼者约一步，左臂自然下垂，右臂自然向前伸出右手，以指稍用力握对方的手掌，上下摇动两三下，注视对方，并配以微笑和问候语，如图 4-5 所示。

(二)双握式

双握式握手方式，通常传达的是一种热情真挚、尊敬感激之情，例如在见到受人尊敬的教师时；在向他人表示深深的谢意和慰问时。行礼时，主动握手者用右手握住对方的右手，左手握住对方右手的手背处，如图 4-6 所示。

图 4-5

图 4-6

三、握手的原则

第一，握手一定要用右手，在阿拉伯国家及少数西方国家，认为左手是"不洁之手"，用左手握手是对对方的一种侮辱。

第二，握手前应摘掉手套，双目安然注视对方，并示以微笑。切忌握手时以另一手拍打对方身体各部位，也不要一面与对方握手，一面心神不安，目光游移不定。

第三，与人握手时应采取站立姿势（年老体弱或者残疾人除外）。

第四，不宜交叉握手。遇到两位以上交往对象，行握手礼时应一一相握。有的国家视交叉握手为凶兆的象征，交叉成"十"意为十字架，认为必定会招来不幸。

第五，男士与女士握手，时间不宜过长，握力要轻一些，一般应握女士的手指。

第六，为了表示尊敬，握手时上身略微前倾，注视对方眼睛，边握手边开口致意，如说："您好"、"见到您很高兴"、"欢迎您"、"辛苦啦"等。

四、握手十忌

一忌不讲先后顺序，抢先出手；二忌目光游移，漫不经心；三忌不脱手套，自视高傲；四忌掌心向下，目中无人；五忌用力不当，敷衍鲁莽；六忌左手相握，有悖习俗；七忌"乞讨式"握手，过于谦恭；八忌握手时间太长，让人无所适从；九忌滥用"双握式"，令人尴尬；十忌"死鱼"式握手，轻慢冷漠。

> **小贴士**
>
> **训练方法**
>
> 分组练习。
>
> 情境训练。
>
> 实地演练。

第三课　鞠躬礼

鞠躬，意思是弯身行礼。是表示对他人敬重的一种郑重礼节。此种礼节一般是下级对上级或同级之间、学生向老师、晚辈向长辈、服务人员向宾客表达由衷的敬意。

一、鞠躬礼的动作要领

第一，行鞠躬礼时面对客人，并拢双脚，视线由对方脸上落至自己的脚前1.5米处（15°礼）或脚前1米处（30°礼）。

第二，男性双手放在身体两侧，女性双手合起放在身体前面。

第三，鞠躬时必须伸直腰、脚跟靠拢、双脚尖处微微分开，同时目视对方。然后将伸直的腰背由腰开始的上身向前弯曲。

第四，鞠躬时，弯腰速度适中，之后抬头直腰，动作可慢慢做，这样令人感觉很舒服。

二、鞠躬礼的种类

（一）三鞠躬

三鞠躬的基本动作要领：

第一，行礼之前应当先脱帽，摘下围巾，身体肃立，目视受礼者。

第二，男士的双手自然下垂，贴放于身体两侧裤线处；女士的双手下垂搭放在腹前。

第三，身体上部向前下弯约90°，然后恢复原样，如此三次。

（二）深鞠躬

其基本动作同于三鞠躬，区别就在于深鞠躬一般只要鞠躬一次即可，但要求弯腰幅度一定要达到90°，以示敬意。

（三）社交、商务鞠躬礼

第一，行礼时，立正站好，保持身体端正。

第二，面向受礼者，距离为两三步远。

第三，以腰部为轴，整个肩部向前倾15°以上（一般是60°，具体视行礼者对受礼者的尊敬程度而定），同时问候"您好"、"早上好"、"欢迎光临"等。

第四，朋友初次见面、同事之间、宾主之间、下级对上级及晚辈对长辈等，都可以鞠躬行礼表达对对方的尊敬，如图4-7、图4-8所示。

图 4-7

图 4-8

三、鞠躬礼的注意事项

鞠躬时要注意如戴着帽子，应将帽子摘下，因为戴帽子鞠躬既不礼貌，也容易滑落，使自己处于尴尬境地。鞠躬时目光应向下看，表示一种谦恭的态度，不要一面鞠躬，一面试图翻起眼睛看对方。

小贴士

训练方法

分组练习。

情境训练。

实地演练。

第四课　注目礼

注目礼是以注视受礼者，并用目迎、目送来表示敬意的一种礼节。行注目礼时，行礼者应面向或将头转向受礼者，呈立正姿势，抬头挺胸，注视受礼者目迎和目送，待受礼者还礼后目光平视或将头转正。

施注目礼的场合有：升降国旗奏国歌时，各种会议的升降旗仪式，运动会颁奖仪式也要向国旗行注目礼。着军装的军人参加升旗仪式时要行军礼，戴红领巾的少先队员要行少先队队礼。接受检阅时，受阅者应向检阅者首先行注目礼，如图 4-9～图 4-11 所示。

图 4-9

图 4-10

图 4-11

小贴士

训练方法

情境训练。

实地演练。

思考与练习

一、思考

1. 致意礼仪主要有哪些内容？

2. 致意礼仪每一个动作的要领是什么？

3. 致意礼仪在人际交往中的重要性是什么？

二、创编练习

创编练习内容：致意礼仪。

展现形式：小组表演创编的致意礼仪。

目的：培养学生的创编能力和敢于表现、善于表现的能力，树立学生与多人合作共同完成任务的协作意识，并将所学的知识、技能运用到实践中，达到学会掌握并合理运用各种致意礼仪的目的。

设计步骤：

1. 学习、掌握致意礼仪的各种规范动作，并按动作排出动作号码。

2. 制定编排设计要求：

(1)选择音乐。时间 5 分钟左右为宜。

(2)编排内容。展现致意礼仪的各种姿态。

(3)设计场景和人物。

(4)分小组。小组多人共同参与创编致意礼仪，6~8 人为宜(根据学生具体情况而定)。

(5)用文字记录，用号码标明动作。

3. 分组创编。

4. 合音乐练习。

5. 小组展示各自创编的致意礼仪，学生互评，教师点评。

下 篇

形体训练

　　形体训练是以人体科学理论为基础，通过各种身体练习以增进健康、增强体质、塑造体型、训练仪态、陶冶情操，它是一个有目的、有计划、有组织的教育过程。形体美的含义有两点：一是健康，二是符合人体美的标准。形体训练是塑造优美形体、高雅气质的重要途径。

　　本篇的形体训练以形体素质训练、形体基础训练、形体韵律训练和形体展示训练为主要内容，旨在使学生掌握形体训练的基本知识与方法，同时通过健美操、芭蕾舞及民族民间舞蹈的训练，提高学生身体的柔韧性、协调性、控制力及表现能力，矫正不良姿势，塑造优美的形体，培养高雅的气质和风度。训练过程中伴随着优美动听的音乐，还可以进一步提高学生的综合素质，提高他们表现美、欣赏美、鉴赏美的能力，从而使学生精力充沛、青春洋溢、积极向上，成为有情趣、有审美、有格调之内涵丰富、气质高雅、体态健美、心理健康、人格健全的有为学生、懂美青年。

第五单元

形体素质训练

　　形体素质是指人体在运动中所表现出来的机能能力。形体素质的发展有其生理功能基础，又与运动能力密切有关。反映形体素质的指标有：柔韧性、力量、耐力等。想提高形体素质也应从这三方面着手。由于三者相互关联，任何一种机能下降都会影响到整体的身体素质，锻炼时要特别注意三者相结合，缺一不可。

　　形体素质训练是形体训练中最重要的内容之一。它通过对学生身体肩、胸、腰、腿、胯等各部位进行训练，提高身体的柔韧性和挺拔的力度，塑造优美形体，增强体质，同时为提高形体的综合素质打下良好基础。

　　在形体素质训练中应遵循由易到难、由简单到复杂、循序渐进的原则。还应做到因材施教、持之以恒，注意培养学生吃苦耐劳、克服困难的优良品质和团结协作的精神，以提高学生的综合素质。

第一课　柔韧练习

　　柔韧是指人体关节活动幅度的大小以及韧带、肌腱、肌肉的弹性和伸展能力，柔韧锻炼可使全身舒展，但须持之以恒才能见到效果。柔韧性较差的人应注意，运动时要减小动作幅度。

一、压腿

（一）地面训练

1.压前腿

（1）动作要领及注意事项

第一，直角坐，保持膝盖直、脚背绷的状态。

第二，向下压时，上身如一块板向下压，用胸去贴腿，双手尽量碰脚尖。

第三，向上抬时，头和脊椎保持一条直线，向上向远延伸。

（2）训练步骤

①单一压腿。

②组合训练。

音乐用 4/4 拍，中速。如海顿的《小夜曲》、理查德·克莱德曼的钢琴曲《蓝色的爱》等。

准备姿态：坐在地面上，双腿并拢伸直，绷脚背，双手旁伸，指尖触地，如图 5-1 所示。

第一遍音乐：

1×8　第 1～4 拍，双手弧形臂上举（三位），如图 5-2 所示。

　　　第 5～8 拍，身体前压，左手伸向右脚尖，右手侧平举，如图 5-3 所示。

图 5-1　　　　　　　　图 5-2　　　　　　　　图 5-3

2×8　腰发力一拍一次向下振。

3×8　控制。

4×8　控制。

5×8　动作同 1×8，方向相反。

6×8　动作同 2×8。

7×8　控制。

8×8　控制，最后两拍身体直立，双手三位。

第二遍音乐：

1×8　身体前压，双手伸向脚尖，如图 5-4 所示。

图 5-4

2×8　腰发力一拍一次向下振。

3×8　动作同2×8。

4×8　动作同2×8。

5×8　控制。

6×8　控制。

7×8　控制。

8×8　第1～4拍，控制。

　　　　第5～8拍，还原准备姿态。

2. 压旁腿

（1）动作要领及注意事项

第一，分腿坐，保持膝盖直、脚背绷的状态。

第二，身体水平侧压，用肩去贴腿，手抱脚尖。

第三，直立时，头和脊椎保持一条直线，向上向远延伸。

（2）训练步骤

①单一压腿。

②组合训练。

音乐同压前腿。

准备姿态：分腿坐（到最大限度），保持膝盖直、脚背绷的状态，双手放腿上或三位，如图5-5、图5-6所示。

图 5-5　　　　　　　　　　　　　　　　　　　图 5-6

第一遍音乐：

1×8　身体水平左侧压，右手抱左脚，左手弧形臂（一位）右旁伸，如图5-7所示。

2×8　直立，右手三位，左手一位，如图5-8所示。

图 5-7

3×8　动作同 1×8。

4×8　动作同 2×8。

5×8　左侧压四次。

6×8　动作同 5×8。

7×8　控制。

8×8　第 1～6 拍，控制。

　　　第 7～8 拍，直立。

第二遍音乐：

1×8　身体水平右侧压，左
手抱右脚，右手一位左旁伸。

图 5-8

2×8　直立，左手三位，右手一位。

3×8　动作同 1×8。

4×8　动作同 2×8。

5×8　右侧压四次。

6×8　动作同 5×8。

7×8　控制。

8×8　第 1～6 拍，控制。

　　　第 7～8 拍，直立。

(二)把杆训练

1. 压前腿

(1)动作要领及注意事项

第一，双腿伸直，把杆上的腿绷脚背。

第二，向下压时，上身如一块板向下压，用胸去贴腿，控制好上身姿态。

第三，向上抬时，头和脊椎保持一条直线，向上向远延伸。

(2)训练步骤

①单一压腿。

②组合训练。

音乐用 4/4 拍，中速。如海顿的《小夜曲》、理查德·克莱德曼的钢琴曲《瓦妮莎的微笑》等。

准备姿态：正步位，身体斜向 45°面对把杆，右腿吸前腿后伸直腿放在把杆上，左手扶把，右手三位，如图 5-9 所示。

1×8　第 1～2 拍，上体前倾下压到最大限度，如图 5-10 所示。

图 5-9　　　　　　　　　　　　　　　　　　图 5-10

第 3～4 拍，直立。

第 5～8 拍，动作同 1～4 拍。

2×8　动作同 1×8。

3×8　动作同 1×8，速度加快一倍，下压四次。

4×8　动作同 3×8。

5×8　第 1 拍，下压。

第 2～8 拍，控制。

6×8　控制。

7×8　控制。

8×8　第 1～4 拍，控制。

第 5 拍，直立。

第 6 拍，右腿下把杆。

第 7 拍，向左转体 90°，换右手扶把。

第 8 拍，左腿吸前腿后伸直腿放在把杆上，左手三位。

换左腿练习。

2. 压旁腿

（1）动作要领及注意事项

第一，双腿伸直，主力腿一位打开，把杆上的动力腿绷脚背。

第二，向旁压时，双肩水平侧倒旁压，用肩去贴腿，控制立腰，拔背的姿态。

第三，向上起时，头和脊椎保持一条直线，向上向远延伸。

（2）训练步骤

①单一压腿。

②组合训练。

音乐同压前腿。

准备姿态：一位脚，身体面对把杆，与把杆成30°夹角，右腿旁吸腿后伸直放在把杆上，右手扶把，左手三位，如图5-11所示。

图5-11   图5-12

1×8　第1～2拍，上体侧倒旁压到最大限度，如图5-12所示。

　　　第3～4拍，直立。

　　　第5～8拍，动作同1～4拍。

2×8　动作同1×8。

3×8　动作同1×8，速度加快一倍，旁压四次。

4×8　动作同3×8。

5×8　第1拍，旁压。

　　　第2～8拍，控制。

6×8　控制。

7×8　控制。

8×8　第1～4拍，控制。

　　　第5拍，直立。

　　　第6拍，右腿下把杆。

第7拍，向右转体120°，换左手扶把，双脚一位。

第8拍，左腿旁吸腿后伸直放在把杆上，右脚保持一位，右手三位。

换左腿练习。

3. 压后腿

（1）动作要领及注意事项

第一，胯部正对前方，不能晃动。

第二，把杆上的动力腿要膝盖直、脚背绷，主力腿保持一位脚。

第三，上身保持立腰、拔背的姿态。

（2）训练步骤

①单一压腿。

②组合训练。

音乐同压前腿。

准备姿态：身体侧对把杆，与把杆夹角成30°，同侧手右手扶把，异侧手左手三位，外侧腿左腿后伸放把杆上，右脚一位，如图5-13所示。

1×8　第1~2拍，右腿屈膝半蹲，如图5-14所示。

图 5-13   图 5-14

第3~4拍，伸直。

第5~8拍，动作同1~4拍。

2×8　动作同1×8。

3×8　动作同1×8，速度加快一倍，屈伸四次。

4×8　动作同3×8。

5×8　第1拍，屈膝。

第2~8拍，控制。

6×8　控制。

7×8　控制。

8×8　第1～4拍，控制。

　　　第5拍，伸直。

　　　第6拍，左腿下把杆。

　　　第7拍，向右转体240°，换左手扶把，双脚一位。

　　　第8拍，右腿后伸放在把杆上，左脚保持一位，右手三位。

　　　换右腿练习。

二、压胯

(一)动作要领及注意事项

第一，控制好上身立腰、拔背的体态。

第二，大小腿折叠，尽量靠近身体。

第三，协助者用适当的力向下压，逐渐加力下振。

(二)训练步骤

音乐用4/4拍，中速。如肖邦的《夜曲》、理查德·克莱德曼的钢琴曲《星空》等。

1. 单人练习

准备姿态：坐在地面上，侧屈膝，两脚心相对而坐，双手抱脚尖，如图5-15所示。

1×8　双膝一拍一次下振。

2×8　动作同1×8。

3×8　动作同1×8。

4×8　动作同1×8。

5×8　双手按膝盖下压到最大限度，如图5-16所示。

6×8　控制。

7×8　控制。

8×8　第1～4拍，控制。

　　　第5～8拍，放松回准备姿态。

图 5-15

图 5-16

2. 双人练习

(1) 仰卧开跨

准备姿态：练习者仰卧在地面上，双腿旁吸，脚心相对，双臂上举。协助练习者跪立在练习者的对面，用双手按住练习者的双膝，如图 5-17 所示。

1×8　双手按住膝部一拍一次下振。

2×8　动作 1×8。

3×8　动作 1×8。

4×8　动作 1×8。

5×8　双手按住膝部下压到最大限度。

6×8　控制。

7×8　控制。

8×8　第 1～4 拍，控制。

　　　第 5～8 拍，放松回准备姿态。

　　　两人交换练习。

图 5-17

(2) 蛙式开跨

准备姿态：练习者俯卧在地面上，双腿旁吸，双臂屈肘双手相搭贴地面放下额处。协助练习者跪立在练习者的身后，身体前倾，双脚夹住对方双脚，双手帮助对方保持大腿与身体成 90°，双手按住对方髋部，如图 5-18 所示。

1×8　双手按住髋部一拍一次下振。

2×8　动作同 1×8。

3×8　动作同 1×8。

4×8　动作同 1×8。

图 5-18

5×8　双手按住髋部下压到最大限度。

6×8　控制。

7×8　控制。

8×8　第1～4拍，控制。

　　　第5～8拍，放松回准备姿态。

　　　两人交换练习。

三、吸伸腿

(一)动作要领及注意事项

第一，吸腿要收紧，绷脚背，脚尖点地。

第二，以膝盖为轴，大腿不动，用脚面带动小腿伸直。

第三，胯要正。

(二)训练步骤

1. 单一吸、伸腿。

2. 组合训练。

音乐用4/4拍，行板。如莫扎特的《小夜曲》、理查德·克莱德曼的钢琴曲《野花》等。

准备姿态：仰卧在地面上，双腿并拢伸直、绷脚背，双手臂上举、手背向下。

第一遍音乐：

1×8　第1～2拍，右腿向前吸起，绷脚背，脚尖点地，如图5-19所示。

　　　第3～4拍，伸直成90°，如图5-20所示。

　　　第5～6拍，右小腿落下成前吸腿。

　　　第7～8拍，右腿伸直。

2×8　动作同1×8。

3×8　第1～2拍，右腿前吸。

　　　第3～4拍，伸直成90°。

　　　第5～6拍，控制。

　　　第7～8拍，落下回原位。

4×8　动作同3×8。

5×8　动作同1×8，方向相反。

6×8　动作同5×8。

图 5-19

图 5-20

7×8　动作同3×8，方向相反。

8×8　动作同7×8，最后两拍转成左侧位。

第二遍音乐：

1×8　第1～2拍，右腿旁吸，脚背绷，脚尖点在左腿内侧，如图5-21、图5-22所示。

　　　　第3～4拍，伸直成90°。

　　　　第5～6拍，右小腿落下成旁吸腿。

　　　　第7～8拍，右腿伸直。

2×8　动作同1×8。

3×8　第1～2拍，右腿旁吸。

　　　　第3～4拍，伸直成90°。

　　　　第5～6拍，控制。

　　　　第7～8拍，落下回原位。

4×8　动作同3×8，最后两拍向右转体成右侧位。

5×8　动作同1×8，方向相反。

6×8　动作同5×8。

图 5-21

7×8　动作同 3×8，方向相反。

8×8　第 1~2 拍，左腿旁吸。

　　　第 3~4 拍，伸直成 90°。

　　　第 5~6 拍，落下。

　　　第 7~8 拍，向左转体成仰卧姿态。

四、后抬腿

图 5-22

(一)动作要领及注意事项

第一，抬腿主要动力在大腿，腿拉长，膝盖直、脚背绷。

第二，后抬腿时，胸、腹部不要离开地面。

第三，落地时要有控制地轻放地面。

(二)训练步骤

第一，单一抬后腿。

第二，组合训练。

音乐用 4/4 拍，慢板。如舒曼的《梦幻曲》、理查德·克莱德曼的钢琴曲《一路平安玛丽亚》等。

准备姿态：俯卧，双腿并拢伸直，双臂前伸。

1×8　第 1~2 拍，右腿向后抬起 45°，如图 5-23 所示。

图 5-23

　　　第 3~6 拍，控制。

　　　第 7~8 拍，落下。

2×8　动作同 1×8。

3×8　动作同 1×8，方向相反。

4×8　动作同 3×8。

5×8　右后抬腿 45°两次。

6×8　动作同 5×8。

7×8　动作同 5×8，方向相反。

8×8　动作同 7×8。

五、踢腿

(一)踢前腿

1. 动作要领及注意事项

第一，身体要保持正直，不能掀胯。

第二，两腿要膝盖直、脚背绷。

第三，踢腿时要有速度和力度，回落要有控制。

第四，主力腿不能随动力腿的动作而改变，要保持绷直伸长的状态。

2. 训练步骤

(1)单一踢前腿。

(2)组合训练。

音乐用 2/4 拍，进行曲速度。如莫扎特的《土耳其进行曲》等。

准备姿态：仰卧，双腿并拢伸直，两脚转开，双臂上举。

1×8　第 1 拍，踢右腿。

　　　第 2 拍，落下。

　　　第 3～4 拍，静止。

　　　第 5～8 拍，动作同 1～

4 拍。

2×8　动作同上。

3×8　动作同 1×8，方向相反踢左腿，如图 5-24 所示。

4×8　动作同上。

5×8　第 1 拍，踢右腿。

　　　第 2 拍，落下。

　　　第 3～8 拍，动作同 1～2 拍。

6×8　动作同 5×8。

7×8　动作同 5×8，方向相反。

8×8　动作同 7×8。

图 5-24

(二)踢旁腿

1. 动作要领及注意事项

第一，身体要保持正直，侧卧的支撑用力点在后背，盆骨要保持正直。

第二，两腿要膝盖直、脚背绷，动力腿始终转成开位。

第三，主力腿要绷直伸长，保持身体的直立感。

第四，踢腿时要有速度和力度，回落要有控制。

2. 训练步骤

(1)单一踢旁腿。

(2)组合训练。

音乐用 2/4 拍，进行曲速度。如比才的《卡门》等。

准备姿态：左侧位，双腿并拢伸直、绷脚外开，左手臂伸直，右手臂屈肘胸前撑地。

1×8　第1拍，踢右腿，如图 5-25 所示。

图 5-25

第2拍，落下。

第3~4拍，静止。

第5~8拍，动作同1~4拍。

2×8　动作同 1×8。

3×8　第1拍，踢右腿。

第2拍，落下。

第3~8拍，动作同1~2拍。

4×8　动作同 3×8，最后两拍右转成右侧位。

5×8　动作同 1×8，方向相反。

6×8　动作同 5×8。

7×8　动作同 3×8，方向相反。

8×8　动作同 7×8，最后两拍左转成左侧位。

（三）踢后腿

1. 动作要领及注意事项

第一，踢腿时不要掀胯。

第二，后踢腿要伸直，头略后仰塌腰。

第三，踢腿时要有速度和力度，回落要有控制。

2. 训练步骤

音乐用 2/4 拍，进行曲速度。如老约翰·施特劳斯的《拉德斯基进行曲》等。

准备姿态：左膝跪撑，大腿垂直地面，右腿直膝后点地，双臂垂直撑地。

1×8　第 1 拍，踢右腿，如图 5-26 所示。

　　　　第 2 拍，落下。

　　　　第 3～4 拍，静止。

　　　　第 5～8 拍，动作同 1～4 拍。

2×8　动作同 1×8。

3×8　第 1 拍，踢右腿。

　　　　第 2 拍，落下。

　　　　第 3～8 拍，动作同 1～2 拍。

4×8　第 1 拍，踢右腿。

　　　　第 2 拍，落下。

　　　　第 3～4 拍，动作同 1～2 拍。

　　　　第 5～6 拍，右腿收回跪地位置。

　　　　第 7～8 拍，左脚向后伸出。

5×8　动作同 1×8，方向相反。

6×8　动作同 5×8。

7×8　动作同 3×8，方向相反。

8×8　第 1 拍，踢左腿。

　　　　第 2 拍，落下。

　　　　第 3～4 拍，动作同 1～2 拍。

　　　　第 5～6 拍，左腿收回跪地位置。

　　　　第 7～8 拍，右脚向后伸出。

图 5-26

六、压肩

(一)动作要领及注意事项

第一，面向把杆站立，两脚、两手相距与肩同宽，双臂伸直搭在把杆上。

第二，最大限度地做体前屈，挺胸、塌腰、抬头(或低头)。

第三，上体向下振动，利用自身体重进行拉肩，也可两人互压肩。

第四，协助者双手用适当的力下压练习者的肩背部，拉开肩关节韧带。

(二)训练步骤

音乐用4/4拍，慢板。如德沃夏克的《念故乡》等。

准备姿态：同动作要领及注意事项的第一和第二。

1×8　上体一拍一次下振。

2×8　动作同1×8。

3×8　动作同1×8。

4×8　动作同1×8。

5×8　上体下压到最大限度，如图5-27所示。

6×8　控制。

7×8　控制。

8×8　第1~4拍，控制。

　　　第5~8拍，换两人一组练习。

两种方式练习：

第一，练习者双臂伸直放在把杆上，挺胸、塌腰。协助练习者用适当的力压练习者的肩背部，如图5-28所示。

图 5-27

图 5-28

第二，两人面对面站立，双脚开立，上体前倾，双臂伸直互相搭肩，如图 5-29 所示。

图 5-29

第二课　腹背肌练习

一、仰卧两头起

（一）动作要领及注意事项

第一，控制好挺胸、立腰、拔背的体态。

第二，控制好双腿伸直、绷脚背的姿态。

第三，上体和双脚尽量抬高。

（二）训练步骤

音乐用 4/4 拍，慢板。如舒曼的《梦幻曲》、理查德·克莱德曼的钢琴曲《蓝色的爱》等。

准备姿态：仰卧地面，双臂上举，手心向上，双腿并拢伸直，脚背绷。

1×8　第 1～2 拍，上体和双腿同时抬起 45°。

　　　第 3～6 拍，控制。

　　　第 7～8 拍，还原准备姿态。

2×8　动作同 1×8。

3×8　动作同 1×8。

4×8　动作同 1×8。

5×8　第 1～2 拍，上体和双腿同时抬起，在最高点用双手接触脚面，如图 5-30 所示。

图 5-30

　　　第 3～8 拍，控制。

6×8　第 1～6 拍，控制。

第7～8拍，还原。

7×8　动作同5×8。

8×8　动作同6×8。

二、俯卧两头起（双飞）

(一)动作要领及注意事项

第一，上体和双腿尽量抬高，成最大反背弓。

第二，注意全身协调用力，较好地控制姿态。

(二)训练步骤

音乐用4/4拍，慢板。如莫扎特的《弦乐小夜曲》、理查德·克莱德曼的钢琴曲《掌声响起》等。

准备姿态：俯卧地面，双腿伸直略分开，脚背绷，双臂侧平举，手心向下。

第一遍音乐：

1×8　第1～2拍，上体和双腿两头起，如图5-31所示。

　　　　第3～6拍，控制。

　　　　第7～8拍，回落。

2×8　动作同1×8。

3×8　动作同1×8。

4×8　动作同1×8。

5×8　第1～2拍，上体和双腿两头起。

　　　　第3～8拍，控制。

6×8　第1～6拍，控制。

　　　　第7～8拍，回落。

图 5-31

7×8　动作同5×8。

8×8　第1～6拍，控制。

　　　　第7～8拍，回落成俯卧姿势，双臂前伸，手心向下。

第二遍音乐：

1×8　第1～2拍，左臂和右腿抬起，如图5-32所示。

　　　　第3～6拍，控制。

　　　　第7～8拍，回落。

2×8　动作同1×8。

3×8　动作同1×8，方向相反。

4×8　动作同3×8。

5×8　第1～2拍，左臂和右腿抬起。

　　　第3～8拍，控制。

6×8　第1～6拍，控制。

　　　第7～8拍，回落。

7×8　动作同5×8，方向相反。

8×8　动作同6×8，方向相反。

第三遍音乐：

图 5-32

1×8　第1～2拍，双臂和双腿两头起，如图5-33所示。

　　　第3～6拍，控制。

　　　第7～8拍，回落。

2×8　动作同1×8。

3×8　动作同1×8。

4×8　动作同1×8。

5×8　第1拍，双臂和双腿两头起。

　　　第2～8拍，控制。

6×8　第1～6拍，控制。

　　　第7～8拍，回落。

图 5-33

7×8　动作同5×8。

8×8　动作同6×8。

三、仰卧起坐

（一）动作要领及注意事项

第一，上身稍起时，上背部离开地面，下背部仍紧贴地面。

第二，上身全起时，身体起到最大限度。

第三，动作要稍停，慢慢地使脊柱骨逐渐伸展，还原。

第四，两手的位置对腹部收缩的压力大小有直接的影响，可根据个人程度选择手放的位置。两手自然伸直平放在体侧（易）；两手交叉互抱于胸前（中）；两手置于颈后或抱头（难）。

（二）训练步骤

音乐用2/4拍，进行曲速度。如莱昂·耶赛尔的《玩具兵进行曲》、孟宪斌的《青春进行曲》等。

准备姿态：仰卧，双手抱头，双腿并拢膝部屈成90°，双脚掌着地。

1×8　第1~4拍，上体起到离地6~12 cm。

第5~8拍，还原到仰卧姿态。

2×8　动作同1×8。

3×8　第1~2拍，上体起到离地6~12 cm。

第3~4拍，还原。

第5~8拍，动作同1~4拍。

4×8　动作同3×8。

5×8　第1拍，上体起到最大限度，如图5-34所示。

第2拍，还原。

第3~8拍，动作同1~2拍。

6×8　动作同5×8。

7×8　动作同5×8。

8×8　动作同5×8。

图 5-34

四、俯卧拽腿

(一)动作要领及注意事项

第一，后弯腰时，先仰头，头再随上体向后仰。

第二，后弯腰时，大腿要紧压在地面上，双腿伸直，呼吸均匀。

第三，双吸腿后弯腰，双手用力拽腿，用力仰头，成最大反背弓。

(二)训练步骤

音乐用4/4拍，慢板。如南斯拉夫民歌《深深的海洋》、理查德·克莱德曼的钢琴曲《献给爱丽丝》等。

准备姿态：俯卧，双手臂曲肘撑地，双腿伸直略分开，脚背绷，如图5-35所示。

1×8　双臂撑直，上体向后做后弯腰，如图5-36所示。

2×8　第1~6拍，控制。

第7~8拍，身体还原准备姿态。

图 5-35

图 5-36

3×8　第1~2拍，头向左侧屈。

　　　　第3~4拍，还原。

　　　　第5~8拍，动作同1~4拍，方向相反。

4×8　第1~2拍，头前屈。

　　　　第3~4拍，还原。

　　　　第5~6拍，头后屈。

　　　　第7~8拍，还原。

5×8　头经前屈向左环绕一周。

6×8　动作同5×8，方向相反。

7×8　第1~2拍，俯卧，双臂侧平举。

　　　　第3~4拍，双手拽腿做双吸腿后弯腰，

如图 5-37 所示。

　　　　第5~8拍，控制。

8×8　第1~6拍，控制。

　　　　第7~8拍，还原准备姿态。

图 5-37

五、仰卧抱腿

（一）动作要领及注意事项

第一，仰卧时双腿并拢、伸直、脚背绷。

第二，上体直立时，要保持抬头、挺胸、立腰、拔背的体态。

第三，吸腿时要收紧，头用力上顶。

（二）训练步骤

音乐用 4/4 拍，慢板。如李斯特的《爱之梦第三首》、理查德·克莱德曼的钢琴曲《玫瑰色的人生》等。

准备姿态：仰卧地面，双臂上举，手心向上，双腿并拢伸直，脚背绷。

1×8　第1拍，上体迅速直立，双腿前吸腿，双手抱膝，双脚脚尖点地，如图5-38所示。

第2～4拍，控制。

第5～8拍，还原准备姿态。

2×8　动作同1×8。

3×8　动作同1×8，速度加快一倍。

4×8　动作同3×8。

5×8　动作同1×8

6×8　动作同1×8。

7×8　动作同3×8。

8×8　动作同3×8。

图 5-38

六、仰卧顶髋

(一)动作要领及注意事项

第一，吸腿要收紧，全脚掌着地。

第二，向上顶髋到最大限度。

第三，顶髋时，头、颈、肩着地，展腹挺髋。

(二)训练步骤

音乐用4/4拍，慢板。如福斯特的《故乡的亲人》、理查德·克莱德曼的钢琴曲《梦中的婚礼》等。

准备姿态：仰卧，双腿开立，吸腿，全脚掌着地，双臂上举，手心向上，如图5-39所示。

1×8　第1拍，向上顶髋到最大限度，如图5-40所示。

第2～4拍，控制。

第5～8拍，还原准备姿态。

2×8　动作同1×8。

3×8　动作同1×8。

4×8　动作同1×8。

5×8　第1拍，向上顶髋到最大限度。

第2～8拍，控制，双脚起踵，如图5-41所示。

6×8　第1～4拍，控制。

第5～8拍，还原。

7×8　动作同5×8。

8×8　动作同6×8。

图 5-39

图 5-40

图 5-41

第三课　力量训练

　　力量是指机体某部分肌肉的爆发力，力量锻炼可分为上肢锻炼和下肢锻炼。锻炼上肢力量可选择引体向上、俯卧撑等运动，也可借助哑铃、拉力器等器械，锻炼下肢可选择蹲起、跳台阶、快速跑等。此处主要介绍哑铃操。

　　哑铃是一个最经济、方便、实用、有效的，用来练习健美的锻炼器械，经常使用可以增加人体肌肉力量，提高新陈代谢的水平。即使在不运动的时候也能多消耗能量，成就一个不容易胖而且充满活力的身体。

一、动作要领及注意事项

第一，练习前要先选择好合适重量的哑铃。

第二，练习目的是为了增肌，最好选择65％～85％负荷的哑铃。

第三，练习目的是为了减脂，建议练习时应做到每组15～25次甚至更多，每组间隔控制在1～2分钟。可以配合自己喜欢的音乐练习，或跟随音乐做哑铃健身操。

第四，练习时要保持好挺胸、收腹、立腰、拔背的体态。

第五，注意安全，防止出现伤害事故。

二、训练步骤

（一）单一动作练习

（二）组合训练

1. 听口令完成组合

2. 合音乐完成组合

（1）仰卧上推举

音乐用2/4或4/4拍，中速。如谷建芬的《歌声与微笑》等。

准备姿态：仰卧，双腿开立，吸腿，全脚掌着地，双手握哑铃，双肘支撑地面，如图5-42所示。

1×8　第1～4拍，左臂向上推举，如图5-43所示。

　　　第5～8拍，收回。

2×8　动作同1×8。

3×8　动作同1×8，方向相反。

4×8　动作同3×8。

5×8　第1～4拍，双臂向上

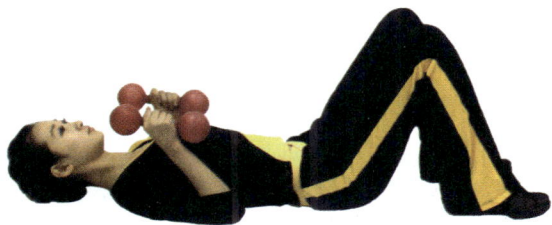

图 5-42

推举，如图 5-44 所示。

第 5～8 拍，收回。

6×8　动作同 5×8。

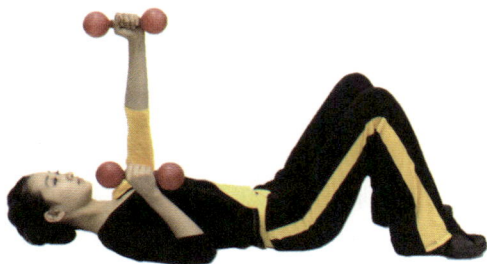

图 5-43

图 5-44

7×8　动作同 5×8。

8×8　动作同 5×8。

(2)仰卧开腿起坐

音乐用 2/4 或 4/4 拍，中速。如李幼容词、金凤浩曲的《金梭和银梭》等。

准备姿态：仰卧，双腿并拢伸直，双手合握一个哑铃放在腹部，如图 5-45 所示。

第一遍音乐：

1×8　第 1～4 拍，双腿抬起 90°，如图 5-46 所示。

第 5～8 拍，双腿向旁打开到最大限度，如图 5-47 所示。

2×8　双腿控制。

第 1～4 拍，上身抬起，双手向两腿间推出，如图 5-48 所示。

第 5～8 拍，上身还原仰卧姿态。

图 5-45

图 5-46

图 5-47

图 5-48

3×8　动作同 2×8。

4×8　动作同 2×8。

5×8　上身抬起，双手向两腿间推出。

6×8　上身还原仰卧姿态。

7×8　动作同 5×8。

8×8　上身还原仰卧姿态，手臂屈肘放体侧，左手拿哑铃。

第二遍音乐：

1×8　双腿控制。

　　　第 1～4 拍，左手去接近右脚，如图 5-49 所示。

　　　第 5～8 拍，上身还原仰卧姿态。

2×8　动作同 1×8。

3×8　左手去接近右脚。

4×8　第 1～6 拍，控制。

　　　第 7～8 拍，上身还原仰卧姿态，换右手拿哑铃。

5×8　动作同 1×8，方向相反。

6×8　动作同 5×8。

7×8　动作同 3×8，方向相反。

8×8　第 1～6 拍，控制。

　　　第 7～8 拍，还原准备姿态。

（3）侧卧单臂练习

音乐用 2/4 或 4/4 拍，中速。如高枫的《大中国》等。

图 5-49

准备姿态：身体侧卧，双腿并拢伸直，左手臂屈肘撑地，右手握哑铃于体侧，如图 5-50 所示。

1×8　第 1～4 拍，右臂垂直上举哑铃，如图 5-51 所示。

图 5-50   图 5-51

第5~8拍，回落。

2×8　动作同1×8。

3×8　动作同1×8。

4×8　第1~4拍，右臂垂直上举哑铃。

第5~8拍，左臂伸直，上身下落，右手胸前屈肘，右脚踩在左腿前方，如图5-52所示。

5×8　第1~4拍，右臂向上打开，如图5-53所示。

图 5-52

第5~8拍，回落。

6×8　动作同5×8。

7×8　动作同5×8。

8×8　动作同5×8。

换另一侧练习。

（4）跪立后倾

音乐用2/4或4/4拍，中

图 5-53

速。如刘铁山、茅沅的《瑶族舞曲》等。

准备姿态：两腿稍开离，双膝跪立，双手握哑铃，直臂体侧下垂，如图5-54所示。

1×8　第1~4拍，双臂前平举，手心向下，如图5-55所示。

第5~8拍，身体后倾，双臂比肩稍高，如图5-56所示。

图 5-54

图 5-55

图 5-56

2×8　第 1~4 拍，控制。

　　　第 5~8 拍，还原准备姿态。

3×8　动作同 1×8。

4×8　动作同 2×8。

5×8　动作同 1×8。

6×8　控制。

7×8　控制。

8×8　还原准备姿态。

（5）坐椅上练习

音乐用 2/4 或 4/4 拍，中速。如许常德词、织田哲郎曲的《健康歌》等。

准备姿态：后背直立坐在靠背椅上，两手合握一个哑铃置于两腿间，双膝自然并拢，大小腿成 90°。

第一遍音乐：

1×8　第 1~4 拍，把哑铃放在脚踝上，双腿勾脚，如图 5-57 所示。

　　　第 5~8 拍，身体直立，双手合握置于两腿间，如图 5-58 所示。

2×8　第 1~4 拍，小腿上抬，双腿伸直，如图 5-59 所示。

　　　第 5~8 拍，回落。

图 5-57

图 5-58

图 5-59

3×8　动作同2×8。

4×8　动作同2×8。

5×8　小腿上抬，双腿伸直。

6×8　第1～6拍，控制。

　　　第7～8拍，回落。

7×8　动作同5×8。

8×8　第1～4拍，回落。

　　　第5～6拍，身体前屈拿哑铃。

　　　第7～8拍，身体直立，双腿还原准备姿态，双手合握哑铃屈肘于胸前，如图5-60所示。

第二遍音乐：

1×8　身体、手臂控制姿态。

　　　第1～4拍，双脚起踵，如图5-61所示。

　　　第5～8拍，回落。

2×8　动作同1×8。

3×8　动作同1×8。

4×8　动作同1×8。

5×8　动作同1×8，速度加快一倍，起踵两次。

6×8　动作同5×8。

7×8　动作同5×8。

8×8　动作同5×8，最后两拍双臂下垂置于两腿间。

图 5-60

图 5-61

（6）开立蹲

音乐用2/4或4/4拍，中速。如任红举、贺东久词，朱南溪曲的《中国，中国，鲜红的太阳永不落》等。

准备姿态：身体直立，双脚开立，比肩稍宽，双手握哑铃，直臂下垂于体侧。

第一遍音乐：

1×8　上身保持直立姿态。

　　　　第1～4拍，双膝屈，双臂屈肘向前弯，如图5-62所示。

　　　　第5～8拍，双腿直，双臂伸直，如图5-63所示。

2×8　动作同1×8

3×8　动作同1×8。

4×8　动作同1×8。

图 5-62　　　　　　　　　　图 5-63　　　　　　　　　　图 5-64

5×8　第1～4拍，双膝屈，双臂侧平举，如图5-64所示。

　　　　第5～8拍，双腿直，双臂下垂于体侧。

6×8　动作同5×8。

7×8　动作同5×8。

8×8　动作同5×8。

第二遍音乐：

1×8　上身保持直立姿态。

　　　　第1～4拍，双膝屈，双臂前平举，如图5-65所示。

　　　　第5～8拍，双腿直，双臂下垂于体侧。

2×8　动作同1×8。

3×8　动作同1×8。

4×8　动作同1×8。

5×8　第1～4拍，双膝屈伸一次，右臂上举后振，左臂体侧后振，如图5-66所示。

图 5-65

图 5-66

第 5～8 拍，动作同 1～4 拍，方向相反。

6×8　动作同 5×8。

7×8　动作同 5×8。

8×8　动作同 5×8，最后两拍双腿直立，双臂下垂于体侧。

第三遍音乐：

1×8　上身保持直立姿态。

　　　第 1～4 拍，双臂体侧屈肘。

　　　第 5～8 拍，身体双臂控制姿态，双膝屈，如图 5-67 所示。

2×8　第 1～4 拍，双臂胸前交叉，双脚起踵，如图 5-68 所示。

图 5-67

图 5-68

第 5～8 拍，压脚跟，还原准备姿态。

3×8　动作同 1×8。

4×8　动作同 2×8。

5×8　动作同 1×8。

6×8　动作同 2×8。

7×8 动作同 1×8。

8×8 动作同 2×8。

第四遍音乐：

1×8 第 1～4 拍，上身保持直立姿态，双臂变弧形，如图 5-69 所示。

第 5～8 拍，双膝屈。

2×8 双膝、手臂保持姿态，身体左转，如图 5-70 所示。

3×8 身体右转，动作同 2×8，方向相反。

4×8 动作同 2×8。

5×8 动作同 3×8。

6×8 动作同 2×8。

7×8 动作同 3×8。

图 5-69

图 5-70

8×8 身体转向 1 点，最后两拍还原准备姿态。

（7）体后上举

音乐用 2/4 或 4/4 拍，中速。如石顺义词、臧云飞曲的《一二三四歌》等。

准备姿态：身体直立，双脚开立，与肩同宽，双手握哑铃，直臂下垂于体侧。

1×8 第 1～4 拍，双膝前屈，双臂屈肘向前弯，如图 5-71 所示。

第 5～8 拍，体前屈 90°，双手直臂向体后上举，如图 5-72 所示。

2×8 动作同 1×8。

3×8 动作同 1×8。

4×8 动作同 1×8。

图 5-71

5×8　动作同1×8。

6×8　第1～6拍，控制。

第7～8拍，双腿直，双臂下垂于体侧。

7×8　动作同5×8。

8×8　动作同6×8。

（8）侧弯

音乐用2/4或4/4拍，中速。如车行词、李昕曲的《好日子》等。

图 5-72

准备姿态：身体直立，双脚开立，与肩同宽，双手握哑铃，直臂体侧下垂。

1×8　右臂侧屈肘，身体向左侧弯曲，如图5-73所示。

2×8　还原准备姿态。

3×8　动作同1×8。

4×8　动作同2×8。

5×8　动作同1×8。

6×8　控制，最后两拍还原。

7×8　动作同5×8。

8×8　动作同6×8。

图 5-73

换右侧练习。

（9）上举转体

音乐用2/4或4/4拍，中速。如胡宏伟词、王世光曲的《长江之歌》等。

准备姿态：身体直立，双脚开立，与肩同宽，双手握哑铃，右臂上举，左臂体侧下垂，如图5-74所示。

1×8　保持双脚开立，右臂上举状态。

原地向左侧转体90°，右膝弯曲，如图5-75所示。

2×8　还原准备姿态。

3×8　第1～4拍，向左侧转体90°。

第5～8拍，还原。

4×8　动作同3×8。

5×8　动作同1×8，方向相反。

6×8　动作同2×8。

7×8　动作同3×8，方向相反。

8×8　动作同 7×8，最后一拍左臂下垂于体侧。

图 5-74

图 5-75

第四课　耐力训练

人对紧张体力活动的耐久能力，是人体长时间进行持续肌肉工作的能力，即对抗疲劳的能力。耐力包括两个方面，即肌肉耐力和心血管耐力。耐力的提高不仅取决于人的发育成熟度，也和负荷要求有关。合乎规律的耐力性负荷训练可使肌肉、器官、心肺、血液、免疫系统以及物质代谢调节出现适应现象。

发展耐力素质的基本途径有两个：一是增强肌肉力量，提高肌肉耐力的训练；二是提高心肺的功能。可安排室外较长时间的走、跑、跳绳、爬山、游泳、滑冰、各种球类运动等。同时应注意量力而行，循序渐进，避免过度疲劳。

耐力包括一般耐力、肌肉力量耐力、速度耐力和静力耐力四种。

一、纵身跳

（一）动作要领及注意事项

第一，单腿或双脚连续跳。

第二，起跳速度要快，起跳高度要尽量高。

第三，跳时身体保持挺胸、收腹、立腰、拔背的直立感，头顶上悬。

（二）训练步骤

音乐用 2/4 拍，节奏感较强的快板。如詹姆斯·L.皮尔彭特的《铃儿响叮当》等。

准备姿态：正步位站立，双臂体侧下垂。

1×8　双脚一拍一次跳起，手臂随上跳而屈肘于胸前。

2×8　动作同 1×8。

3×8　动作同 1×8。

4×8　动作同 1×8。

5×8　左脚一拍一次跳起，手臂随上跳而曲肘于胸前。

6×8　动作同 5×8。

7×8　右脚一拍一次跳起，手臂随上跳而曲肘于胸前。

8×8　动作同 7×8。

二、原地间歇高抬腿跑

(一)动作要领及注意事项

第一，上体直，重心高，头顶上悬。

第二，高抬腿到最大限度。

第三，速度快。

(二)训练步骤

准备姿态：正步位站立，双臂体侧下垂。

原地高抬腿跑，每组 100 次，做 5 组，每组间歇 2～3 分钟。

三、吸踢腿跳

(一)动作要领及注意事项

第一，上体直，重心高，头顶上悬。

第二，吸腿到最大限度。

第三，踢腿要伸直，脚背绷。

(二)训练步骤

音乐同纵身跳。

准备姿态：正步位站立，双手叉腰。

1×8　第 1 拍，右腿前吸腿，左脚跳跃一次。

　　　第 2 拍，右腿向前踢出，左脚跳跃一次。

　　　第 3～4 拍，动作同 1～2 拍，方向相反。

　　　第 5～8 拍，动作同 1～4 拍。

$2 \times 8 \sim 8 \times 8$　动作同 1×8。

反复 5 遍，做 5 组，每组间歇 2～3 分钟。

四、跳绳

(一)动作要领及注意事项

第一，练习前一定要做好身体各部位的准备活动。

第二，跳绳时，膝盖尽量抬高，用前脚掌起跳和落地，切记不可全脚或脚跟落地，以免脑部受到震荡。

第三，当跃起在空中时，不要极度弯曲身体，而成为自然弯曲的姿势。

第四，绳甩动时，手腕一定要远离身体。

第五，呼吸要自然，有节奏。

第六，遵守循序渐进的原则，由慢到快，由易到难。先学单人跳绳的各种动作，然后再学较复杂的多人跳绳或团体跳绳动作。

(二)训练步骤

1. 热身

慢跳 30 秒或只跳 30 下，以后逐步延长时间，直至连续跳 3 分钟。

2. 双腿跳绳

双脚并拢，进行弹跳练习 2～3 分钟(弹跳高度为 3～5 cm)。

开始跳绳，注意手腕做弧形摆动。跳 100 次，休息 1 分钟，重复跳 10 组。

3. 单脚屈膝跳绳

右腿屈膝，向前抬起，踮起脚尖，单脚跳 10～15 次，换左腿重复上述动作。休息 30 秒，每侧各做 5 轮。

4. 花样跳绳

试跳一组花样跳绳(绳在头顶时双手交叉，绳在脚下时回归原位)，然后双脚并拢，跳 3 下。此组动作反复做足 20 次，休息 1 分钟，重复跳 5 组。

5. 双人跳绳

双人跳绳对跳绳者集中注意力和协调一致的能力要求比单人跳绳高得多。

(1)采取并排站立的姿势，每人用外侧的一只手握住绳柄，先开始两人同时用双脚跳绳，然后练习同时用单脚跳绳。

(2)采取一前一后的站立姿势，身高者站在后面，并挥动跳绳。

思考与练习

一、思考

1. 什么是形体训练？

2. 形体训练的目的、任务是什么？

3. 形体训练对中学生的益处是什么？

4. 形体美的含义是什么？

5. 形体素质训练主要有哪些内容？

二、创编练习

创编练习内容：形体素质训练。

展现形式：个人创编的形体素质训练组合。

目的：培养学生的创编能力和独立完成任务的能力，提高心理的承受能力，使他们敢于面对挫折和困难，逐渐树立克服困难的勇气和不屈不挠的决心，建立自信，完善人格。

设计步骤：

1. 学习、掌握形体素质训练的各种动作。

2. 制定编排设计要求：

(1)选择音乐。时间 4 分钟左右为宜。

(2)编排内容。针对某一项形体素质训练内容进行，编排 64 个 8 拍的训练组合。

(3)组合中要有三次以上的节奏变化。

(4)用文字记录组合。

3. 个人创编组合。

4. 数节拍完成组合。

5. 合音乐。按音乐节奏连续动作练习。

6. 个人展示创编的形体素质训练组合，学生互评，教师点评。

第六单元

形体基础训练

　　形体训练的方法目前有很多，几乎各种运动都可以成为形体训练的方法。但从最终的效果来看，芭蕾形体训练的方法最值得信赖。芭蕾对舞者的形体有着极高的要求，而且具有有效的形体训练方法，称为"整形"。即便是专业演员，也要坚持形体训练，否则身体走形就要告别舞台。芭蕾形体训练的方法和效果是得到公认的，它的形体训练方法是舞蹈界的公共课程，而且也成为模特、体操运动员、影视演员共同的形体训练方法。

　　把芭蕾基本功训练作为学生形体训练的基础是至关重要的。它不仅能够训练出修长柔韧的肌肉线条、燃烧深层体内脂肪、塑造完美形体，还可以借助优美的伴奏乐曲，使训练者在潜移默化、循序渐进中提高审美情趣、提升艺术气质。可以说，芭蕾基本功训练不仅传播了高雅的艺术精髓，培养了人的内涵修养，还有助于提高学生的气质和高雅风度，使外在表现和内在修养、形体之美与精神之美达到和谐统一。

第一课　身体方位、芭蕾脚位与芭蕾手位

一、身体方位

　　以自身为基点，以观众所在的方向为正前方，每向右转 45° 为一个方位，共八个方位。即用数字 1~8 来代表八个方位。

　　1 点为前方位，2 点为右前方位，3 点为右方位，4 点为右后方位，5 点为后方位，6 点为左后方位，7 点为左方位，8 点为左前方位，如图 6-1 所示。

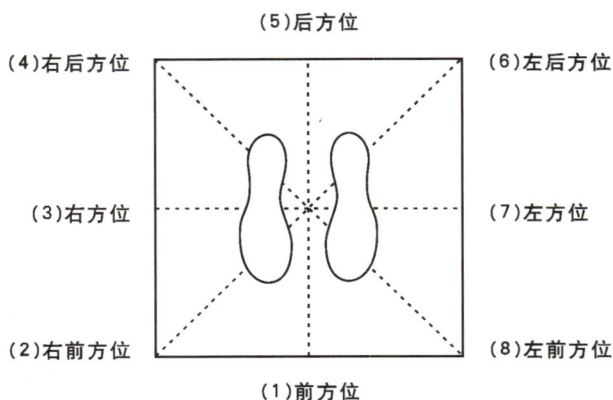

图 6-1

二、芭蕾脚位

动作要领及注意事项：

一位。两脚跟靠拢，两脚尖外开成一字，两腿靠紧，大腿内侧外旋，膝盖与脚尖在一条线上，重心在两脚的脚趾上，不能向前倒脚，足弓要空，收腹、收臀、立腰，胸部自然挺起，双肩下压，目视前方，如图 6-2 所示。

二位。在一位的基础上，相隔一脚远距离，如图 6-3 所示。

三位。在二位的基础上，一脚收至另一脚前面的中间部分，如图 6-4 所示。

四位。在三位的基础上，一脚向前擦地，推脚跟落地，重心在两脚中间，前脚的脚尖与后脚的脚跟在一条直线上，如图 6-5 所示。

五位。在四位的基础上，前脚收至与后脚对齐，即前脚的脚尖对准后脚脚跟，重心均匀地落在两脚之间，如图 6-6 所示。

图 6-2   图 6-3   图 6-4   图 6-5   图 6-6

三、芭蕾手位

世界上各个流派的芭蕾在手位设置上不全相同，这是因为各流派表演风格的不同。这里介绍俄罗斯学派的七个手位，因为俄罗斯流派的手位在延伸舒展性、挺拔感觉上比较突出，并比较有助于稳定重心和帮助收紧背部。在我们的训练过程中利用这七个手位训练手指末梢神经的感觉，加强动作的美感以及延伸到学习、生活、工作中的每一个细节。

一位。双手下垂，手心向里，两手靠近，但不能碰到一起，两手指间相距一拳远。肘部略微圆屈，上臂稍离身体，不要夹紧，如图6-7所示。

二位。在一位的基础上，双手向前抬至胃的高度，如图6-8所示。

三位。在二位的基础上，双手抬至额头前斜上方，在眼视线内，如图6-9所示。

四位。一手在三位，另一手在二位，如图6-10所示。

五位。一手在三位，另一手在七位即二位手向旁打开，如图6-11所示。

六位。一手在二位，另一手在七位，如图6-12所示。

七位。两臂向旁打开，从肩肘部到手腕保持很好的一条圆弧形，如图6-13所示。

图 6-7

图 6-8

图 6-9

图 6-10

图 6-11

图 6-12

图 6-13

第二课　把杆训练

　　扶把训练是最基本的，无论初学的学生还是优秀的演员，坚持把杆训练是必不可少的内容。扶把的方法有两种：双手扶把和单手扶把。

一、双手扶把

面对把杆，距把约一竖脚远，双手轻放把杆上，两手相距与肩同宽，肘、肩部放松下垂，如图 6-14 所示。

（一）立半脚尖

1. 动作要领及注意事项

第一，身体重心上下直线移动，保持身体直立的平衡，不许前俯后仰。

第二，脚后跟用力向上顶，脚背绷到最大限度。

第三，落下时，脚后跟往前顶，有控制地慢慢落回原位。

2. 训练步骤

音乐用 4/4 拍，慢板。如舒伯特的《圣母颂》、理查德·克莱

图 6-14

德曼的钢琴曲《一路平安玛丽亚》等。

准备姿态：双手扶把，一位脚或八字步，眼看正前方，两腿肌肉收紧，挺胸收腹，立腰拔背，头顶上悬。

1×8　双脚慢慢抬起，立半脚尖，如图 6-15 所示。

2×8　落下，回原位。

3×8　第 1～4 拍，立半脚尖。

　　　　第 5～8 拍，落下，回原位。

4×8　动作同 3×8。

5×8　双脚慢慢抬起，立半脚尖。

6×8　控制。

7×8　控制。

8×8　落下，回原位。

（二）擦地

图 6-15

擦地是整个腿部训练中的基础训练，主要训练脚背、脚腕和整个腿部的力量，增强肌肉的控制能力。

1. 一位旁擦地

（1）动作要领及注意事项

第一，重心在主力腿上，动力腿脚尖用力全脚向正旁擦出。

第二，先全脚擦地，边擦边绷脚背，脚跟逐渐抬起，脚背完全绷起，脚尖

不离地，擦出至最大限度为止。

第三，擦出时脚跟往前顶，外开收胯，脚尖与主力腿的脚尖成一条直线。

第四，收回时，从脚尖、脚掌到全脚用力沿原路线擦地收回原位。

（2）训练步骤

音乐用 4/4 拍，慢板。如苏格兰民歌《友谊地久天长》等。

准备姿态：双手扶把，一位脚，眼看正前方（以右脚为例）。

1×8　擦出，如图 6-16 所示。

2×8　收回原位。

3×8　动作同 1×8。

4×8　动作同 2×8。

5×8　第 1～4 拍，擦出。

第 5～8 拍，收回。

6×8　动作同 5×8。

7×8　第 1～2 拍，擦出。

第 3～4 拍，收回。

第 5～8 拍，动作同 1～4 拍。

8×8　动作同 7×8。

图 6-16

2．一位前擦地

（1）动作要领及注意事项

第一，重心在主力腿上，动力腿保持正直向前擦出到最大限度。

第二，擦的过程脚跟往前顶，脚尖与主力腿的脚跟成一条直线。

第三，脚尖主动沿原路线擦地收回原位。

（2）训练步骤

音乐同上。

准备姿态：双手扶把，一位脚，眼看正前方。

节奏同一位旁擦地，如图 6-17 所示。

3．一位后擦地

（1）动作要领及注意事项

第一，身体的重心在主力腿上，重心不能随动力腿的移动而移动。

第二，两腿完全伸直，从胯至腿到脚尖都要外开、绷直、收紧。

第三，动力腿向后擦出，脚尖领先擦出，与主力腿脚跟成一条直线。

图 6-17

第四，收回时，用脚跟带动，由脚尖、脚掌到全脚擦地收回原位，不能只用脚的内侧着地擦回。

（2）训练步骤

音乐同上。

准备姿态：双手扶把，一位脚，眼看正前方。

节奏同一位旁擦地，如图6-18所示。

图 6-18

（三）勾绷脚

1. 动作要领及注意事项

第一，双手轻轻地搭在把杆上，后背保持直立感，腰椎向上拉直，头顶上悬。

第二，勾、绷脚到位。绷脚强调脚背的绷，勾脚强调脚后跟用力。

第三，两腿并拢，膝盖直、脚背绷，脚尖向前向远伸。

第四，擦地时位置要准确。

2. 训练步骤

用2/4拍，轻快、活泼的音乐。如苏佩的《轻骑兵进行曲》等。

准备姿态：双手扶把，一位脚（以右脚为例）。

1×8　第1～4拍，右脚旁擦地，如图6-19所示。

　　　第5～8拍，勾全脚，如图6-20所示。

2×8　第1～4拍，右脚旁擦地。

　　　第5～8拍，收回一位，如图6-21所示。

图 6-19

图 6-20

图 6-21

3×8　第1～2拍，右脚旁擦地。

　　　第3～4拍，勾全脚。

　　　第5～6拍，右脚旁擦地。

第7～8拍，收回一位。

4×8　动作同3×8，速度加快一倍。

5×8　动作同1×8，方向相反。

6×8　动作同2×8，方向相反。

7×8　动作同3×8，方向相反。

8×8　动作同4×8，方向相反。

（四）蹲

蹲是双腿的屈伸练习，主要训练腿部的各部肌肉，使之获得全面平均的发展。蹲起弹簧似的作用，集中训练跟腱、膝关节及大腿肌肉的弹性、控制力，为弹跳的训练打下良好基础。

蹲的动作要领：

第一，双手扶把，面视前方。

第二，脚一位，整个身体犹如被紧紧夹在两个平面中，身体重心上下直线移动。

第三，臀部前顶找脚跟，膝盖外开找耳朵。

第四，下蹲时头上有如重物下压被迫下蹲，但又要有往上顶重物的感觉。直立时要有往上顶的感觉，在内在的对抗性力量中进行。

第五，蹲和起的过程一定要平均、连贯、柔韧、有控制地进行。

1．半蹲

（1）动作要领及注意事项

第一，身体正直往下蹲，全脚着地蹲到最大限度。

第二，下蹲时不能撅臀部，臀部和脚跟在一个平面上。

（2）训练步骤

音乐用4/4拍，行板。如肖邦的《小夜曲》、理查德·克莱德曼的钢琴曲《水边的阿狄丽娜》等。

准备姿态：双手扶把，一位脚。

1×8　半蹲，如图6-22所示。

2×8　控制。

3×8　直立。

4×8　控制。

5×8　第1～4拍，半蹲。

　　　第5～8拍，直立。

6×8　动作同 5×8。

7×8　第 1～4 拍，半蹲。
　　　　第 5～8 拍，控制。

8×8　第 1～4 拍，控制。
　　　　第 5～8 拍，直立。

图 6-22

2. 全蹲

(1)动作要领及注意事项

第一，在半蹲的基础上继续下蹲，蹲到最大限度，抬起脚跟，蹲到臀部接近脚跟。

第二，直立时，臀部与脚跟仍在一个平面上，要边起边压脚跟。

(2)训练步骤

音乐用 4/4 拍，行板。如柴可夫斯基的《如歌的行板》、理查德·克莱德曼的钢琴曲《玫瑰色的人生》等。

准备姿态：双手扶把，一位脚。

1×8　全蹲，如图 6-23、图 6-24 所示。

图 6-23

图 6-24

2×8　直立。

3×8　第 1～4 拍，全蹲。
　　　　第 5～8 拍，直立。

4×8　动作同 3×8。

5×8　全蹲。

6×8　控制。

7×8　控制。

8×8　直立。

（五）小踢腿

小踢腿是个急速有力的动作，在离地25°时有力的顿住。

它能够有效的锻炼腿部肌肉和后背的力量，提高动作的速度和控制能力，为大踢腿等动作做准备。

1. 动作要领及注意事项

第一，经擦地快速有力地推地踢起，停在离地25°的位置上。动作要急速有力，干净利落，停顿位置要准确。

第二，收回时，脚尖经点地、擦地收回。

第三，重心在主力腿上，身体不能晃动。

第四，动作要脆、轻、巧而有力。

2. 训练步骤

音乐用2/4，进行曲速度。如玛奎纳的《西班牙斗牛士》。

准备姿态：双手扶把，一位脚，眼看正前方，两腿肌肉收紧，收腹收臀，后背夹紧（以右脚为例）。

（1）分解练习

向前小踢腿　　第1拍，向前擦地成小拇趾点地。

第2拍，脚尖离地抬起25°。

第3拍，脚尖落下点地。

第4拍，收回。

向旁小踢腿　　第1拍，向旁擦地成脚尖点地。

第2拍，脚尖离地抬起25°。

第3拍，脚尖落下点地。

第4拍，收回。

向后小踢腿　　第1拍，向后擦地成大拇趾点地。

第2拍，脚尖离地抬起25°。

第3拍，脚尖落下点地。

第4拍，收回。

（2）组合训练

1×8　第1～2拍，向前小踢腿，如图6-25所示。

第3～4拍，收回。

第5～8拍，动作同1～4拍。

2×8　第1拍，向前小踢腿。

第2拍，收回。

第3~8拍，动作同1~2拍。

3×8 第1~2拍，向旁小踢腿，如图6-26所示。

第3~4拍，收回。

第5~8拍，动作同1~4拍。

4×8 第1拍，向旁小踢腿。

第2拍，收回。

第3~8拍，动作同1~2拍。

5×8 第1~2拍，向后小踢腿，如图6-27所示。

第3~4拍，收回。

第5~8拍，动作同1~4拍。

6×8 第1拍，向后小踢腿。

第2拍，收回。

第3~8拍，动作同1~2拍。

7×8 动作同3×8。

8×8 动作同4×8。

换左脚练习。

图6-25　　　　　　　　　图6-26　　　　　　　　　图6-27

二、单手扶把

身体侧身对把杆，离把约一脚远，扶把的手在身体的前面一点，其他要求同双手扶把，如图6-28所示。

(一)擦地

(1)动作要领及注意事项

第一，擦地时身体保持直立感，胯部不能晃动。

第二，前、旁、后擦地的位置要准确。

第三，擦地时脚尖要有延伸感，擦到最大的限度。

（2）训练步骤

① 先进行一位的训练，再进行五位的训练。

② 组合训练。

音乐用 2/4 或 4/4 拍，中速。如舒伯特的《鳟鱼》等。

准备姿态：以左手扶把为例，五位脚，右手一位，目视外侧。

准备拍四拍，右手由一位到二位再打开七位，眼随手动，最后一拍目视前方。

1×8　第 1～2 拍，前擦地，如图 6-29 所示。

图 6-28　　　　　　　　　　　　　　　图 6-29

第 3～4 拍，收回。

第 5～8 拍，动作同 1～4 拍。

2×8　第 1 拍，前擦地。

第 2 拍，收回。

第 3～8 拍，动作同 1～2 拍。

3×8　第 1～2 拍，旁擦地，如图 6-30 所示。

第 3～4 拍，收五位前。

第 5～6 拍，旁擦地。

第 7～8 拍，收五位后。

4×8　第 1 拍，旁擦地。

第 2 拍，收五位前。

第 3 拍，旁擦地。

第 4 拍，收五位后。

第5～8拍，动作同1～4拍。

5×8　第1～2拍，后擦地，如图6-31所示。

图6-30　　　　　　　　　　　　　　　图6-31

第3～4拍，收回。

第5～8拍，动作同1～4拍。

6×8　第1拍，后擦地。

第2拍，收回。

第3～8拍，动作同1～2拍。

7×8　第1～2拍，旁擦地。

第3～4拍，收五位后。

第5～6拍，旁擦地。

第7～8拍，收五位前。

8×8　第1拍，旁擦地。

第2拍，收五位后。

第3拍，旁擦地。

第4拍，收五位前。

第5～8拍，动作同1～4拍，最后两拍手收回一位。

（二）环动

1．动作要领及注意事项

第一，环动时，以主力腿为轴心，动力腿像圆规似的画半圆。前、旁、后擦地贯穿为一条弧线。

第二，从前往后环动时，由脚尖带动，从后往前环动时由脚跟带动。

第三，从前环动之后回到前时，要经过一位，由前直接到后时，也要经过一位。

第四，环动的过程胯要固定住，不能晃动。

第五，动作的过程要连贯、均匀。

2.训练步骤

(1)先双手扶把，前、旁、后擦地，每个方向单独分开练习。

(2)单手扶把，可三个方向连接起来练习。

(3)组合训练。

音乐用3/4拍，中速。如 V. 奇阿拉的《美丽的西班牙女郎》等。

准备姿态：以左手扶把为例，一位脚，右手一位。

准备拍四拍，右手由一位到二位再打开七位，眼随手动，最后一拍目视前方。

第一遍音乐：

1×3　前至旁。

2×3　旁至后。

3×3　动作同1×3。

4×3　动作同2×3。

5×3　前至旁，旁至后。

6×3　动作同5×3。

7×3　动作同5×3。

8×3　动作同5×3。

第二遍音乐：

1×3　后至旁。

2×3　旁至前。

3×3　动作同1×3。

4×3　动作同2×3。

5×3　后至旁，旁至前。

6×3　动作同5×3。

7×3　动作同5×3。

8×3　动作同5×3，最后一拍右手右脚收回一位。

(三)蹲

1.动作要领及注意事项

双手扶把，面视前方。动作要领同双手扶把的要求。

2.组合训练

音乐用4/4拍，行板。如莫里斯·贾尔的《人鬼情未了》、理查德·克莱德曼的钢琴曲《思乡曲》等。

准备姿态：以左手扶把为例，一位脚，右手一位，目视外侧。

准备拍四拍，右手由一位到二位再打开七位，眼随手动，最后一拍目视前方。

第一遍音乐：

1×8　一位半蹲，如图 6-32 所示。

2×8　直立。

3×8　第 1～4 拍，半蹲。

　　　第 5～8 拍，直立。

4×8　动作同 3×8。

5×8　一位全蹲，如图 6-33 所示。

6×8　直立。

图 6-32

图 6-33

7×8　一位全蹲。

8×8　第 1～4 拍，控制。

　　　第 5～6 拍，直立。

　　　第 7 拍，右脚旁擦。

　　　第 8 拍，移重心成二位。

第二遍音乐：

1×8　二位半蹲，如图 6-34 所示。

2×8　直立。

3×8　第 1～4 拍，半蹲。

　　　第 5～8 拍，直立。

4×8　动作同 3×8。

5×8　二位全蹲，如图 6-35 所示。

6×8　直立。

7×8　二位全蹲。

8×8　第 1～4 拍，控制。

　　　第 5～6 拍，直立。

　　　第 7 拍，重心左移，右脚尖旁点地。

　　　第 8 拍，收五位（右脚在前）。

图 6-34

图 6-35

第三遍音乐：

1×8　五位半蹲，如图 6-36 所示。

2×8　直立。

3×8　第 1～4 拍，半蹲。

　　　第 5～8 拍，直立。

4×8　动作同 3×8。

5×8　五位全蹲，如图 6-37 所示。

图 6-36

图 6-37

6×8　直立。

7×8　五位全蹲。

8×8　第1～4拍，控制。

　　　　第5～8拍，直立。

（四）小踢腿

1. 动作要领及注意事项

单手扶把，面视前方。动作要领同单手扶把的要求。

2. 组合训练

音乐用2/4拍，快板。如亨德尔的《哈利路亚》等。

准备姿态：以左手扶把为例，五位脚（右脚在前），右手一位，目视外侧。

准备拍四拍，右手由一位到二位再打开七位，眼随手动，最后一拍目视前方。

1×8　第1～2拍，向前小踢腿，如图6-38所示。

　　　　第3～4拍，收回。

　　　　第5～8拍，动作同1～4拍。

2×8　第1拍，向前小踢腿。

　　　　第2拍，收回。

　　　　第3～8拍，动作同1～2拍。

3×8　第1～2拍，向旁小踢腿，如图6-39所示。

图 6-38　　　　　　　　　　　　　　　　图 6-39

　　　　第3～4拍，收五位前。

　　　　第5～6拍，向旁小踢腿。

　　　　第7～8拍，收五位后。

4×8　第1拍，向旁小踢腿。

第2拍，收五位前。

第3拍，向旁小踢腿。

第4拍，收五位后。

第5～8拍，动作同1～4拍。

5×8　第1～2拍，向后小踢腿，如图6-40所示。

第3～4拍，收回。

第5～8拍，动作同1～4拍。

6×8　第1拍，向后小踢腿。

第2拍，收回。

第3～8拍，动作同1～2拍。

7×8　第1～2拍，向旁小踢腿。

第3～4拍，收五位后。

第5～6拍，向旁小踢腿。

第7～8拍，收五位前。

图 6-40

8×8　第1拍，向旁小踢腿。

第2拍，收五位后。

第3拍，向旁小踢腿。

第4拍，收五位前。

第5～8拍，向把杆内转体180°变右手扶把，左手打开七位。

换左脚练习。

（五）腰

腰的训练与腿的训练同样重要，许多优美的舞姿和微小的动律、情绪都离不开腰的能力。如腰能运用自如，将大大增强舞蹈动作的表现力，把上腰的训练主要增强腰的软度、控制能力和灵活性。

1. 动作要领及注意事项

第一，下胸腰时，从头、颈开始一节一节向后弯，挑胸，立腰，头向外，耗胸腰时胸部要上挑，注意两肩要平，收臀，膝要直。直起时，由胸到肩一节一节往上起，回原位。

第二，下前腰时，双膝直，脚靠拢，小腹尽量贴大腿，上身保持正直向前弯下贴在腿上。直起慢慢还原，不要弯膝驼背。

第三，下后腰时，先走手，然后从头、颈、胸、腰、一节一节向后弯下，头去找臀部。起时双腿用力往前，从下肢开始一节一节往上起，收腹挑腰。

第四，下旁腰时，双肩与腿在一个平面上，胯不动，弯腰收腹，挑旁肋到最大限度。

2. 组合训练

音乐用 4/4 拍，行板。如赖依的《爱情的故事》、理查德·克莱德曼的钢琴曲《给母亲的信》等。

准备姿态：以左手扶把为例，一位脚，右手一位，目视外侧斜上方。

准备拍四拍，右手由一位到二位再打开七位，眼随手动，最后一拍目视前方。

第一遍音乐：

1×8　一位立半脚尖，耗胸腰右手变成手心向上，如图 6-41 所示。

2×8　控制。

3×8　控制。

4×8　慢慢落脚，身体直立。

5×8　慢慢下前腰，右手抱踝关节，如图 6-42 所示。

6×8　控制。

7×8　控制。

8×8　身体慢慢直立，手上三位，最后两拍右脚向后擦地。

第二遍音乐：

1×8　慢慢向后下腰，如图 6-43 所示。

2×8　控制。

3×8　控制。

4×8　身体慢慢直立。

图 6-41

图 6-42

图 6-43

5×8　动作同1×8。

6×8　控制。

7×8　第1～4拍，控制。

第5～8拍，直立，立半脚尖。

8×8　第1～4拍，控制，最后一拍落下。

第5～6拍，右脚收一位，右手下二位。

第7～8拍，右脚旁擦变二位，手打开七位。

第三遍音乐：

1×8　慢慢下左旁腰，右手由七位上三位，眼看把杆内侧，如图6-44所示。

2×8　控制。

3×8　控制。

4×8　身体慢慢直立，手下至七位。

5×8　慢慢下右旁腰，左手三位，右手一位，眼看把杆外侧，如图6-45所示。

6×8　控制。

7×8　控制。

8×8　第1～4拍，身体慢慢直立。

第5～6拍，重心左移，右脚旁点地，左手扶把，右手七位。

第7～8拍，右脚收一位，右手收一位。

图 6-44

图 6-45

第三课　中间练习

一、芭蕾手位组合

（一）动作要领及注意事项

第一，保持身体的直立感，挺胸收腹，立腰拔背。

第二，手位准确，手臂要有延伸感。

第三，眼随手动。

第四，合理运用呼吸。欲上先下，欲下先上；欲左先右，欲右先左。

（二）组合训练

音乐用 4/4 拍，优美、抒情的音乐，如 Will Jennings 的《我心依旧》等。

准备姿态：身体对 8 点，五位脚（右脚在前），一位手，目视 2 点斜上方，如图 6-46 所示。

1×8　控制。

2×8　手上至二位，眼随手动，如图 6-47 所示。

3×8　手上至三位，如图 6-48 所示。

4×8　右手向下二位，成四位，如图 6-49 所示。

5×8　右手打开到七位，成五位，如图 6-50 所示。

6×8　左手下至二位，成六位，如图 6-51 所示。

7×8　左手打开成七位，如图 6-52 所示。

8×8　收至一位，如图 6-53、图 6-46 所示。

图 6-46

图 6-47

图 6-48

图 6-49

图 6-50

图 6-51

图 6-52

图 6-53

二、擦地组合

（一）动作要领及注意事项

第一，擦地时身体保持直立感，胯部不能晃动。

第二，前、旁、后擦地的位置要准确。

第三，擦地时脚尖要有延伸感，擦到最大的限度。

第四，手臂动作与擦地动作要协调配合，富有美感。

（二）组合训练

音乐用 2/4 或 4/4 拍，中速。如比才的《哈巴涅拉舞曲》等。

准备姿态：身体对 8 点，五位脚（右脚在前），一位手，目视 2 点斜上方，如图 6-54 所示。

1×8　第 1～2 拍，右脚向前擦地，手变六位，目视 8 点，如图 6-55 所示。

第 3～4 拍，脚收回五位，手位控制。

第 5～8 拍，动作同 1～4 拍。

图 6-54

图 6-55

2×8　第 1 拍，右脚前擦地。

第 2 拍，收回。

第 3～4 拍，动作同 1～2 拍。

第 5 拍，右脚前擦地。

第 6 拍，三位半蹲。

第 7 拍，重心前移到右脚上，左脚后点地，左手变手心向下，如图 6-56 所示。

第 8 拍，左脚收五位。

3×8　第 1～2 拍，左脚向后擦地，手位控制。

第 3～4 拍，收回。

第 5～8 拍，动作同 1～4 拍。

4×8　第 1 拍，左脚后擦地。

第 2 拍，收回五位。

第 3～4 拍，动作同 1～2 拍。

第 5 拍，左脚后擦地。

第 6 拍，三位半蹲。

图 6-56

第 7 拍，重心后移到左脚上，右脚前点地。

第 8 拍，身体转向 1 点，右脚收五位前，双手收一位。

5×8　第 1～2 拍，双手打开七位，右脚旁擦，如图 6-57 所示。

第 3～4 拍，右脚收五位后，半蹲，如图 6-58 所示。

第 5～6 拍，左脚旁擦。

第 7～8 拍，左脚收五位后，半蹲。

6×8　第 1 拍，右脚旁擦。

图 6-57

图 6-58

　　第 2 拍，收五位后。

　　第 3 拍，左脚旁擦。

　　第 4 拍，收五位后。

　　第 5～8 拍，动作同 1～4 拍。

7×8　第 1～2 拍，左脚旁擦。

　　第 3～4 拍，收五位前，半蹲。

　　第 5～6 拍，右脚旁擦。

　　第 7～8 拍，收五位前，半蹲。

8×8　第 1 拍，左脚旁擦。

　　第 2 拍，收五位前。

　　第 3 拍，右脚旁擦。

　　第 4 拍，收五位前。

　　第 5 拍，身体转向 2 点，左脚旁擦。

　　第 6 拍，收五位前。

　　第 7～8 拍，半蹲直立一次，手收一位。

换左脚练习。

三、小跳

　　跳，在舞蹈基础训练中，属于难度较大的技巧动作。

　　跳的动作有小跳、中跳、大跳。我们主要进行小跳训练，这是跳的最基本的原动力。小跳能训练脚掌、脚腕快速推地的能力，脚背有力的绷紧能力，腿部肌肉和腹肌快速收紧、快速直膝的能力。

（一）一位小跳

1. 动作要领及注意事项

第一，身体始终保持直立感，后背用力。

第二，先半蹲，然后快速直起的同时，绷脚推地跳起，在空中膝盖用力绷直，脚背用力绷到位。

第三，落地时先落脚掌到全脚成一位半蹲，直起还原。

2. 训练步骤

音乐用 2/4 拍，中速。如老约翰·施特劳斯的《拉德斯基进行曲》等。

准备姿态：一位脚，一位手。

（1）四拍一次：准备拍半蹲，1-跳起，2-落地半蹲，3-直起，4-再半蹲。

（2）两拍一次：准备拍半蹲，da-跳起，1-落，da-直起，2-半蹲。

（3）一拍一次：准备拍半蹲，da-跳起，1-落地半蹲即跳起，连续做三个停一个或连七个停一个，如图 6-59、图 6-60 所示。

图 6-59

图 6-60

（二）二位小跳

1. 动作要领及注意事项

同一位小跳，只是跳起后在空中保持二位，落地时先落脚掌到全脚成二位半蹲。

2. 组合训练

音乐用 2/4 拍，中速。如老约翰·施特劳斯的《拉德斯基进行曲》等。

准备姿态：二位脚，一位手。

节奏同一位小跳，如图 6-61、图 6-62 所示。

图 6-61　　　　　　　　　　　　　　　图 6-62

（三）五位小跳

1. 动作要领及注意事项

第一，身体始终保持直立感，后背用力。

第二，起跳和落地同一位小跳，但空中两腿要夹紧，保持五位。

第三，落地时要换脚。如第一次左脚在前跳起，落地时换成右脚在前，第二次右脚在前跳起，落地时换成左脚在前，如此反复进行。

第四，落地时胯和脚要开，否则会踩脚。

2. 组合训练

音乐用 2/4 拍，中速。如老约翰·施特劳斯的《拉德斯基进行曲》等。

准备姿态：五位脚，一位手。

节奏同一位小跳，落地时换脚，如图 6-63、图 6-64 所示。

图 6-63　　　　　　　　　　　　　　　图 6-64

（四）变位跳

1. 动作要领及注意事项

同一位、二位、五位小跳。

2. 组合训练

音乐用 2/4 拍，中速。如老约翰·施特劳斯的《拉德斯基进行曲》等。

准备姿态：身体对 8 点，五位脚，一位手。

准备拍四拍，最后一拍半蹲。

1×8　第 1～3 拍，一位小跳三次。

　　　第 4 拍，停。

　　　第 5～8 拍，动作同 1～4 拍。

2×8　一位小跳七个停一个。

3×8　第 1～3 拍，二位小跳三次。

　　　第 4 拍，停。

　　　第 5～8 拍，动作同 1～4 拍。

4×8　二位小跳七个停一个。

5×8　第 1～3 拍，身体转向 8 点，五位小跳三次（前后变位）。

　　　第 4 拍，停。

　　　第 5～8 拍，动作同 1～4 拍。

6×8　五位小跳七个停一个。

7×8　第 1～3 拍，身体转向 2 点，五位小跳三次（前后变位）。

　　　第 4 拍，停。

　　　第 5～8 拍，动作同 1～4 拍。

8×8　五位小跳七个停一个。

思考与练习

一、思考

1. 形体基础训练主要有哪些内容？

2. 在形体训练中，芭蕾训练的作用是什么？

3. 芭蕾手位、芭蕾脚位的动作要领是什么？

二、创编练习

创编练习内容：形体基础训练——芭蕾组合。

展现形式：个人展示创编的芭蕾训练综合组合。

目的：培养学生的创编能力和独立完成任务的能力，提高心理的承受能力，使他们敢于面对挫折和困难，逐渐树立克服困难的勇气和不屈不挠的决心，建立自信，完善人格。

设计步骤：

1. 学习、掌握形体基础训练——芭蕾训练的各种动作。

2. 制定编排设计要求：

(1)选择音乐，时间 4 分钟左右为宜。

(2)编排内容。至少包含三项以上的芭蕾基础训练内容。

(3)组合中至少有三种节奏变化。

(4)用文字记录组合。

3. 个人创编芭蕾训练综合组合。

4. 数节拍完成组合。

5. 合音乐。按音乐节奏连续动作练习。

6. 个人展示创编的芭蕾训练综合组合，学生互评，教师点评。

第 七 单元

形体韵律训练

　　形体韵律训练是一项比较优美、高雅的健身项目。主要是通过活力四射的健美操、含蓄优美的中国古典舞和风格各异、舒展优美的中国民族民间舞进行综合训练，塑造学生优美的形体、舒展的舞姿，培养高雅的气质和风度，树立热爱中华民族艺术的热情，提高学生的音乐节奏感、身体的协调性和舞蹈表现力，促进身体全面均衡的发展。同时，形体韵律训练对陶冶学生情操，丰富他们的想象力和创造力，提高审美力和鉴赏力，丰富自身内涵，提高综合素质大有益处。形体韵律训练是形体训练的较高层次，使形体训练得到升华。

第一课　健美操

一、健美操的起源和特点

　　健美操运动起源于 20 世纪 70 年代末，英文原名"aerobics"，意为"有氧运动"、"健身健美操"。80 年代初，美国健身、影视明星简·方达根据自身的健身经验和体会，于 1981 年编写出版了《简·方达健美术》引起了世界的轰动，这对健美操运动在全世界的发展起到了积极的作用。健美操运动于 80 年代初传入我国，它一出现就受到了人们的喜爱，现在已成为我国体育运动的重要项目之一。

　　健美操吸收了基本体操、艺术体操、现代舞、迪斯科等动作特点，含有可以为大多数人接受的单一动作、联合动作与成套动作。它形式新颖、活泼，内容丰富，节奏可快可慢，加上和谐的音乐伴奏，可使运动者达到陶冶情操、娱乐健身之目的，可谓是"寓健身于娱乐之中"的运动。

　　(一)集健美和健身于一体

　　健美操是以健身为基础，根据人体解剖学、运动生理学、体育美学等多学科理论，为使人体健康健美地发展而编排的。健美操动作讲究健美大方，强调力度和弹性，练习内容讲求针对性和实效性。它不仅能使身体各部位的关节、韧带、肌肉得到充分锻炼，使人体匀称和谐地发展，而且还能增强体质培养健美的体形和风度，塑造健美的自我。因此，健美操是一项既注重外在美的锻炼，又强调内在美的培养的人体运动方式，对人的身心积极影响较为全面。

（二）鲜明的节奏感和韵律感

健美操是一种必须在音乐伴奏下进行的运动，音乐是健美操的灵魂。与艺术体操相比，健美操更强调动作的力度。因此，健美操的音乐节奏趋于鲜明强劲，风格趋于热烈奔放。健美操音乐多取材于迪斯科、爵士、摇滚等现代音乐和具有上述特点的民族乐曲。正是音乐中的高低、长短、强弱、快慢等有节奏的变化，使健美操更富有一种鲜明的现代韵律感。此外，旋律清晰、活泼、轻快、情绪激奋的音乐，不仅能振奋练习者的精神，使人产生跃跃欲试的动感，而且还能使人在练习过程中忘却疲劳，产生一种轻松愉快的心情。

（三）动作的多变性和协调性

健美操成套动作的多变性，不仅表现在动作的节奏和力度上，而且还表现在动作的复合性方面。其每节操很少是单个关节的局部动作，大多为多关节的同步运动。如在完成大幅度的上肢动作时，常伴有腰、膝、髋、踝和头部等的动作。这不仅可使身体各关节的活动次数成倍增长，而且还能有效地改善和提高人们身体的协调性。

（四）广泛的群众性

健美操是一项富有趣味性的运动，它能给人们带来热情奔放的情感体验，符合现代人追求健美、自娱自乐的需要，因此深受广大群众的喜爱。同时由于健美操，尤其是健身健美操，其练习形式多样，运动负荷和难度可以自我调节，不同年龄、性别、形体、素质、个性、气质的练习者都可酌情择项参加锻炼，各种人群都能从健美操练习中找到适合自己的练习方式，并通过训练增强体质，弥补自身的某些不足，并且还可从中获得乐趣。因而，健美操是男女老幼所青睐的一项运动。此外，由于健美操不受气候的影响，对场地、器材条件的要求不高，练习起来简便安全，适合不同地区、不同条件的单位和部门开展。因此，这项运动具有广泛的群众性。

二、健美操的分类

目前根据健美操的发展趋势，可分为健身性健美操、表演性健美操和竞技性健美操三大类。健身性健美操主要目的在于健身，适用于社会上各种年龄层次的人；表演性健美操的目的主要是用来表演；竞技性健美操的内容是根据规则特定的要求编排的，主要用于训练和比赛。

（一）健身性健美操

根据风格特点分为：一般健身操、爵士健身操、踏板健身操、搏击健身操、瑜伽健身操等。

根据锻炼年龄分为：儿童健美操、青少年健美操、中年健美操、老年健美操等。

根据锻炼目的分为：姿态健美操、形体健美操、康复健身操、保健健身操、减肥操等。

根据徒手与否分为：徒手健美操、持轻器械健美操和专门器械健美操等。

根据锻炼部位分为：颈部、胸部、腰部、腿部、手臂、腿部、臀部等的局部健美操。

（二）表演性健美操

表演性健美操可单人也可多人，风格特点可灵活多样。

（三）竞技性健美操

竞技性健美操可分为男子单人健美操、女子单人健美操、混合双人健美操、男子三人健美操、女子三人健美操和混合六人健美操（三男三女）。

三、健美操与中职生

中职生正处于身心发育的关键时期，他们好动、好奇，特别希望有机会表现自己。健美操作为一项集活力四射的动作与节奏鲜明的音乐于一体的运动，符合中职生的特点。通过健美操练习，不仅能矫正学生不正确的身体姿态，培养正确、端庄的身体姿态，塑造形体美，培养气质和风度。同时，健美操作为一项有氧运动，具有有氧健身的功能，能全面提高学生的身体素质，提高心肺功能和肌肉耐力，促进机体各组织器官的协调，发展身体的柔韧性和协调性。增进健康、增强体质，使学生终身受益。另外，健美操是一项轻松的体育运动，在音乐的伴奏下使人心情愉快，陶冶于锻炼的乐趣中，缓解精神压力，促进身心健康发展。健美操在中职教学中的开展，丰富了校园文化生活，达到了强身健体、娱乐身心、增进友谊、增强社交能力、培养团队精神的目的。

四、健美操基本动作

（一）基本手形

并掌。五指并拢伸直，指关节不能弯曲。

开掌。五指用力伸直。

立掌。手掌用力上屈，五指指关节自然弯曲。

剑指。食指与中指尖并紧挺直，拇指与无名指指尖在掌心相搭，指跟用力。

拳。五指弯曲紧握，大拇指压在食指弯曲部位。

（二）基本步伐

1. 踏步

两腿一拍一步原地依次抬起，依次落地。在下落时，踝、膝、髋关节依次有弹性的缓冲。

2. 走步

一拍一步迈步向前走四步或后退四步，然后反之。向前走时，脚跟先落地，过渡到全脚掌；向后走时则相反。

3. V字步

四拍完成。第一拍一脚向前侧方迈一步。第二拍另一脚随之向另一方迈一步，成两脚开立，屈膝。第三、第四拍，依次退回原位。

4. 漫步

两拍完成。第一拍一脚向前迈出，屈膝，重心随之前移。第二拍另一脚稍抬起，然后原地落下。或者向后撤一步，重心后移，另一脚稍抬起，然后原地落下。

5. 并步

两拍完成。第一拍一脚迈出。第二拍另一脚随之并拢屈膝点地，然后反方向迈步。

6. 迈步

两拍完成。第一拍一脚迈出一步。第二拍另一脚做动作。

迈步点地。第一拍一脚向侧迈一步，两腿经屈膝移重心。第二拍另一脚向侧、前或后用脚尖或脚跟点地。

迈步吸腿。第一拍一脚迈出一步，第二拍另一腿屈膝抬起，然后向反方向迈步。

迈步后屈腿。第一拍一脚迈出一步，第二拍另一腿后屈，然后向反方向迈步。

7. 点地步

两拍完成。第一拍一腿稍屈膝站立，另一脚伸出，脚尖或脚跟点地。第二拍还原到并腿姿态。

8. 跑步

一拍一步。两腿经过腾空，依次落地缓冲，双臂曲肘摆臂。

高抬腿跑。膝盖尽量抬高。

后踢腿跑。小腿尽量后屈，脚跟踢臀部。

双跳跑。每只脚落地跳两次，交替进行。

9. 双腿跳

并腿跳。一拍一次，双腿并拢跳起。

分腿跳。分腿站立屈膝半蹲，向上跳起，分腿落地屈膝缓冲。

开合跳。由并腿跳起，分腿落地；然后分腿跳起，并腿落地。

五、组合训练

(一)健美操韵律组合

音乐用 2/4 拍，节奏鲜明、强劲的迪斯科、爵士、摇滚、现代音乐或民族音乐。

准备姿态：正步站立，两腿并拢，双臂体侧自然下垂。

第一遍音乐：

1×8　双脚原地交替踏步（左脚开始），双臂屈肘前后摆臂，如图 7-1 所示。

2×8　动作同 1×8。

3×8　左脚开始 V 字步两次，如图 7-2～图 7-5 所示。

4×8　动作同 3×8。

图 7-1

图 7-2

图 7-3

图 7-4

图 7-5

5×8　原地踏步。

　　第 1～4 拍，双臂体前交叉下分手后到上举，如图 7-6、图 7-7 所示。

　　第 5～6 拍，双臂下拉屈肘于胸前，如图 7-8 所示。

　　第 7～8 拍，双臂下垂体侧。

图 7-6

图 7-7

图 7-8

6×8　动作同 5×8。

7×8　动作同 5×8，身体左转 180°对 5 点。

8×8　动作同5×8，身体左转180°对1点。

第二遍音乐：

1×8　漫步向前（从左脚开始）。

第1～2拍，双臂侧平举，如图7-9所示。

第3～4拍，双臂胸前交叉，如图7-10所示。

图 7-9　　　　　　　　　　　　　　　　　图 7-10

第5～8拍，动作同1～4拍。

2×8　动作同1×8，漫步向后。

3×8　动作同1×8。

4×8　动作同2×8。

5×8　原地踏步。

第1～2拍，双臂体侧屈肘，下压两次，如图7-11所示。

第3～4拍，双臂上举。

第5～8拍，动作同1～4拍。

6×8　动作同5×8。

7×8　走步，四步向前，四步向后，双臂屈肘前后摆臂。

8×8　动作同7×8。

第三遍音乐：

1×8　迈步脚尖旁点地四次，双臂体侧下垂，如图7-12所示。

2×8　动作同1×8。

3×8　步伐同1×8。

第1拍，双臂下垂。

第2拍，右臂体侧上举。

第3拍，双臂下垂。

第 4 拍，左臂体侧上举，如图 7-13 所示。

第 5～8 拍，动作同 1～4 拍。

4×8　动作同 3×8。

5×8　步伐同 1×8。

第 1 拍，双臂体侧下垂。

第 2 拍，右臂屈肘于胸前，如图 7-14 所示。

图 7-11

图 7-12

图 7-13

图 7-14

第 3～4 拍，动作同 1～2 拍，方向相反。

第 5～8 拍，动作同 1～4 拍。

6×8　动作同 5×8。

7×8　步伐同 1×8。

第 1 拍，双臂体侧下垂。

第 2 拍，双臂上举。

第 3～4 拍，动作同 1～2 拍，方向相反，如图 7-15 所示。

第 5～8 拍，动作同 1～4 拍。

8×8　动作同 7×8。

第四遍音乐：

1×8　迈步，吸腿四次，双手叉腰。

2×8　动作同 1×8。

3×8　步伐同 1×8。

第 1～2 拍，双臂胸前交叉，如图 7-16 所示。

第 3～4 拍，双臂斜上举，如图 7-17 所示。

第 5～8 拍，动作同 1～4 拍。

4×8　动作同 3×8。

图 7-15　　　　　　　　　　图 7-16　　　　　　　　　　图 7-17

5×8　迈步后屈腿四次，双手叉腰，如图 7-18 所示。

6×8　动作同 5×8。

7×8　步伐同 5×8。

第 1 拍，双手叉腰。

第 2 拍，右手叉腰，左臂屈肘侧弯。

第 3 拍，双手叉腰。

第 4 拍，左手叉腰，右臂屈肘侧弯，如图 7-19 所示。

第 5～8 拍，动作同 1～4 拍。

8×8　步伐同 5×8。

第 1 拍，双臂体侧下垂。

第 2 拍，双臂上举。

第 3～4 拍，动作同 1～2 拍，方向相反，如图 7-20 所示。

第 5～8 拍，动作同 1～4 拍。

图 7-18　　　　　　　　　　图 7-19　　　　　　　　　　图 7-20

第五遍音乐：

1×8 　并步四次，双臂体侧下垂。

2×8 　动作同 1×8。

3×8 　步伐同 1×8。

　　　　第 1～2 拍，双臂体侧屈肘，下压两次，如图 7-21 所示。

　　　　第 3～4 拍，双臂胸前交叉，如图 7-22 所示。

　　　　第 5～8 拍，动作同 1～4 拍。

4×8 　动作同 3×8。

5×8 　迈步脚尖前点地四次，双臂体侧一拍一次下压，如图 7-23 所示。

6×8 　动作同 5×8。

7×8 　步伐同 5×8。

　　　　第 1 拍，双臂侧下压。

　　　　第 2 拍，双手胸前拍手，如图 7-24 所示。

　　　　第 3～4 拍，动作同 1～2 拍，方向相反。

　　　　第 5～8 拍，动作同 1～4 拍。

8×8 　动作同 7×8。

　图 7-21　　　　　　图 7-22　　　　　　图 7-23　　　　　　图 7-24

第六遍音乐：

1×8 　迈步脚尖后点地四次。

　　　　第 1 拍，左臂向旁打开，右臂下垂。

　　　　第 2 拍，左臂下垂。

　　　　第 3～4 拍，动作同 1～2 拍，方向相反，如图 7-25、图 7-26 所示。

　　　　第 5～8 拍，动作同 1～4 拍。

2×8 　动作同 1×8。

3×8 　步伐同 1×8。

第1拍，双臂侧平举，如图7-27所示。

第2拍，双臂屈肘于胸前，如图7-28所示。

图 7-25　　　　　　　　图 7-26　　　　　　　　图 7-27　　　　　　　　图 7-28

第3～4拍，动作同1～2拍，方向相反。

第5～8拍，动作同1～4拍。

4×8　动作同3×8。

5×8　并步四次。左右脚向8点、2点迈步，走之字，双手叉腰。

6×8　动作同5×8，并步后退。

7×8　第1～4拍，之字并步向前两次，双臂体侧屈肘一拍一次下压。

第5～8拍，一拍一次走步后退，身体前倾，双臂下伸四次。

8×8　动作同7×8，最后一拍身体直立。

(二)健美操跑跳组合

音乐用2/4拍，节奏鲜明、强劲的迪斯科、爵士、摇滚或现代音乐。

准备姿态：正步站立，两腿并拢，双臂体侧自然下垂。

第一遍音乐：

1×8　双脚原地一拍一次并脚跳。

第1拍，双臂体前屈肘。

第2拍，双臂下垂。

第3～8拍，动作同1～2拍。

2×8　动作同1×8。

3×8　步伐同1×8。

第1拍，双臂胸前交叉。

第2拍，双臂斜上举。

第3～8拍，动作同1～2拍。

4×8　动作同3×8。

5×8　双脚一拍一次踏点跳，两拍一换脚。

第 1～2 拍，双臂左下方屈伸两次。

第 3～4 拍，双手右上方拍手两次。

第 5～8 拍，动作同 1～4 拍。

6×8　动作同 1×8，方向相反，如图 7-29、图 7-30 所示。

7×8　吸腿跳四次。

第 1～2 拍，双臂上举。

第 3～4 拍，下拉屈肘于胸前。

第 5～8 拍，动作同 1～4 拍。

8×8　动作同 7×8。

第二遍音乐：

1×8　双手叉腰，高抬腿跑，一拍一次向前。

2×8　动作同 1×8，高抬腿后退。

3×8　原地后踢腿跑。

第 1～2 拍，双臂体前屈伸肘，如图 7-31 所示。

第 3～4 拍，双臂体侧屈伸肘，如图 7-32 所示。

图 7-29　　　　　　图 7-30　　　　　　图 7-31　　　　　　图 7-32

第 5～8 拍，动作同 1～4 拍。

4×8　步伐同 3×8。

第 1 拍，右臂上举，左臂体前屈肘，如图 7-33 所示。

第 2 拍，动作同第 1 拍，方向相反。

第 3～8 拍，动作同 1～2 拍。

5×8　第 1～4 拍，后踢腿跑向前。第 1～2 拍双臂胸前交叉，第 3～4 拍手臂屈肘，手指搭肩。

第 5～6 拍，双脚开合跳一次。第 5 拍双臂斜上举，如图 7-34 所示。第 6 拍双臂屈肘，如图 7-35 所示。

第 7～8 拍，动作同 5～6 拍。

6×8　动作同 5×8，后踢步后退。

7×8　步伐同 3×8。

第 1～2 拍，右手侧平举，左手胸前屈肘，如图 7-36 所示。

第 3～4 拍，动作同 1～2 拍，方向相反。

第 5～8 拍，动作同 1～4 拍。

图 7-33　　　　　　图 7-34　　　　　　图 7-35　　　　　　图 7-36

8×8　步伐同 3×8。

第 1～2 拍，右手前平伸，左手胸前屈肘，如图 7-37 所示。

第 3～4 拍，动作同 1～2 拍，方向相反。

第 5～8 拍，动作同 1～4 拍。

第三遍音乐：

1×8　双手叉腰，双脚一拍一次分腿跳。

2×8　动作同 1×8。

3×8　弹踢腿跳四次。

第 1 拍，双臂体侧下垂。

第 2 拍，左手前平举，右手侧平举，如图 7-38 所示。

第 3～4 拍，动作同 1～2 拍，方向相反。

第 5～8 拍，动作同 1～4 拍。

4×8　动作同 3×8，逆时针方向依次转四个方向。

5×8　双腿旁踢步两次。

第 1 拍，左脚向右脚前交叉迈步，双臂胸前屈肘。

第 2 拍，左脚原地跳一次，右腿向旁踢腿一次，双臂向右斜下方伸直。

第3～4拍，动作同1～2拍，方向相反，如图7-39、图7-40所示。

图 7-37   图 7-38   图 7-39   图 7-40

第5～8拍，动作同1～4拍。

6×8　动作同5×8。

7×8　双跳跑四次，每只脚落地跳两次，交替进行。

第1拍，双臂头上拍手。

第2拍，双臂侧平举。

第3～8拍，动作同1～2拍。

8×8　第1～6拍，迈步并腿跳三次，走之字。第1拍左脚向8点迈步，双臂腰间屈肘，如图7-41所示。第2拍右脚向左脚并步的同时跳起，双手左上方击掌，如图7-42所示。第3～4拍动作同1～2拍，方向相反。第5～6拍动作同1～2拍。

第7拍，双脚合，双膝半蹲，双臂胸前交叉。

第8拍，双脚开，双臂斜上举。

图 7-41   图 7-42

第二课 中国古典舞

一、中国古典舞的起源和发展

　　中国古典舞作为我国舞蹈艺术中的一个类别，是在民族民间传统舞蹈的基础上，经过历代专业工作者的提炼、整理、加工、创造，并经过较长时期艺术实践的检验流传下来的具有一定典范意义和古典风格特色的舞蹈。中国古典舞的定名，是欧阳予倩先生在1950年首次提出的，后来得到舞蹈界人士认同并广为流传，最后被确定。

　　古典舞从起源来说，是古代舞蹈的一次复苏，是戏曲舞蹈的复苏，是几千年中国舞蹈传统的复兴。十分明显，它的审美原则并不是新创造的，而是几千年中华文化的流传和延续，是用一根长线从古串到今的。这些原则不但在戏曲中可见，在唐宋乐舞中、在汉魏"舞戏"中，甚至在商周礼乐中，都能见其蛛丝马迹。就其流派来讲，它是在原生地上生成的一个崭新的艺术种类，这是一个可以与芭蕾舞、现代舞相媲美的新的舞蹈种类。这个衍生舞种是地道的"中国造"。

　　中国古典舞现在仍未度过它的童年，其自身还在成长发育中。但是身韵的创建，使它的审美内核已趋稳定，其理论基础也已比较扎实，运动系统已经形成，我们完全有理由说它已摆脱戏曲的原形，向真正舞蹈的范畴迈进。

　　产生于20世纪80年代初的中国古典舞"身韵"课，经过20多年的实践，已逐渐为中外舞蹈界和学术界所认识。1993年，它被当时的国家教育委员会列为优秀教学成果而获得奖励。北京舞蹈学院李正一和唐满城两位古典舞老教授，毅然整理、创建了古典舞"身韵"课，它使中国古典舞重振雄风，使古典舞事业曙光再现。唐满城教授说："'身韵'从摆脱戏曲的行当、套路出发，从中国的大文化传统，包括书法、武术来探索它的'形、神、劲、律、气、意'的审美规律，提炼它的元素，总结古典舞运动的路线、法则和阳刚、阴柔、节奏的内涵，从而使之不再有戏剧化、比拟化、行当化的痕迹，走向了舞蹈的主体意识和动作符号化的抽象功能。"他们把以往古典舞蹈中的动作规律，提炼总结为若干以腰部为中心、进行圆运动的基本动作，极大地拓展了中国古典舞的运动空间。由此实践并产生了以《黄河》、《江河水》、《木兰归》、《梁祝》等为代表的一大批优秀舞蹈作品。从而使中国古典舞无论是在外形方面还是在神韵方面都找到了与中国传统文化精神相一致的东西。于是，中国古典舞形成了细腻圆润、刚柔相济、情景交融、技艺结合的特色。同时，精、气、神和手、眼、身、法、步的完美结合与高度统一也构成了中国古典舞的美学特征。《黄河》的成功标志着中国古典舞发展到了一个崭新的阶段。

李正一教授在诠释古典舞时这样讲道：名为古典舞，它并不是古代舞蹈的翻版，它是建立在深厚的传统舞蹈美学基础上，适应现代人欣赏习惯的新古典舞。

二、古典舞身韵及其审美

"身韵"即"身法"与"韵律"的总称。"身法"属于外部的技法范畴，"韵律"则属于艺术的内涵神采，只有二者的有机结合和渗透，才能真正体现中国古典舞的风貌及审美的精髓。换句话说，"身韵"即"形神兼备，身心并用，内外统一"。这是中国古典舞不可缺少的标志，是中国古典舞的艺术灵魂所在。身韵，虽然风格源是明显的，但它已不能再冠以"戏曲舞蹈"之名，它从戏至舞的蜕变已基本完成。它已摆脱原戏曲舞蹈对角色行当的千变万化。然而，不管怎样变，又是万变不离其宗，这个"一"和这个"变"都是一种艺术难得的性格，也是一门艺术的美学要义。

一个成熟的古典舞演员在舞台上展现的动作之所以具有审美价值和艺术魅力，是因为其体现了"形、神、劲、律"的高度融合，这正是中国古典舞身韵的重要表现手段。"形、神、劲、律"作为身韵基本动作要素，高度概括了身韵的全部内涵。形，即外在动作，包含姿态及其动作连接的运动线路，是古典舞舞魂之依附，是古典舞之美的传达媒介。如体态上的"拧、倾、圆、曲"、"仰、俯、翻、卷"的曲线美和基本离不开"平圆、立圆、八字圆"最基本、最典型的运动路线和轨迹。神，即神韵、心意，是指通过自觉的意识、意念和感觉来支配动作，是"形"的生命力所在。劲，就是力，包含着轻重、缓急、强弱、长短、刚柔等关系的艺术处理。律，是动作自身的律动性和运动中依循的规律。这四大动作要素的关系，是经过劲与律达到形神兼备内外统一的。其规律是"心与意合、意与气合、气与力合、力与形合"。这都是精辟的概括与提炼。这些文字又与元素性动作"提、沉、冲、靠、含、腆、移、旁提"高度统一、协调，构成了具有中国特色的舞蹈美学理论。

三、古典舞基本手形和手位

（一）基本手形

1. 掌形

兰花掌。四指挺直微向上翘，中指微下压，虎口收紧，拇指向中间靠拢，如图 7-43 所示。

虎口掌。虎口张开，拇指根向手心用劲，其余四指微张，掌的外侧用力，如图 7-44 所示。

2. 指形

单指。拇指尖与中指尖在掌心前相搭，食指挺直微向上翘，小指微抬或平指，如图 7-45、图 7-46 所示。

剑指。食指与中指并紧挺直，拇指与无名指指尖在掌心相搭，指根用力，如图 7-47 所示。

图 7-43

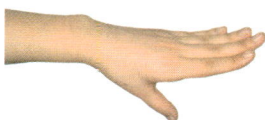

图 7-44

图 7-45

图 7-46

图 7-47

3. 拳形

半握拳。食指至小指并拢向掌心弯曲成空心拳，拇指内屈紧贴食指、中指，如图 7-48 所示。

实心拳。食指至小指并拢，向掌心卷曲成实心拳，拇指紧贴中指，如图 7-49 所示。

图 7-48

图 7-49

（二）基本手位

1. 山膀位

膀平抬于身旁，上臂高度与肩平，开度与胸平，小臂微向里弯，整个手臂成弧线，手腕微扣，手心对斜下方，掌心向外，如图 7-50 所示。

2. 按掌位

手按于胸前，上臂与小臂弯曲成弧线，手心对前下方，按掌的位置平于胸窝处。手和胸部的距离约一拳半。从肩到手形成一个斜坡式弧线，如图 7-51 所示。

3. 托掌位

手臂向上，掌托于额前上方，食指对眉梢，手臂保持弧线状，如图 7-52 所示。

图 7-50   图 7-51   图 7-52

4. 提襟位

双臂架于体旁，如提衣襟状，双臂保持弧线，肘尖微向上端及向前顶，手做半握拳，手腕微向里转，虎口在身前斜对胯骨，如图 7-53 所示。

5. 扬掌位

右臂举至头侧斜上方，手心朝头前斜上方，手臂伸直或屈肘，如图 7-54 所示。

图 7-53   图 7-54

（三）传统手位

1. 双山膀

丁字步或小踏步，身体面对 1 点，目视 8 点，双手叉腰准备。做动作时眼随右手拉成单山膀，然后眼随左手拉成双山膀，如图 7-55 所示。

2. 顺风旗

丁字步或小踏步，左手拉山膀位同时，右手向上撩至托掌位，眼随右手亮相于 8 点，如图 7-56 所示。

3. 双托掌

丁字步或小踏步，双手叉腰准备。动作时双手经体侧撩掌至头上，盖掌于胸前交叉，向下分掌再撩掌至托掌位，如图 7-57 所示。

图 7-55　　　　　　　　图 7-56　　　　　　　　图 7-57

4. 托按掌

丁字步或小踏步，双手叉腰准备。做动作时，左右手交替胸前晃手，成左托掌位，右按掌位，如图 7-58 所示。

5. 山膀按掌

动作同托按掌，只是最后姿态为右山膀左按掌，如图 7-59 所示。

6. 冲掌

丁字步，双手叉腰准备。做动作时，双手由下向右双晃手一周于右胯侧，右手端掌与左手掌掌心相对，然后右肘后提，左掌向 8 点下方推出，眼随左手方向亮相，如图 7-60 所示。

7. 双提襟

丁字步，双手叉腰准备。做动作时，右臂下垂，手握拳提于右胯旁，同时左肩微向前，眼看右手。然后左臂下垂，手握拳于左胯旁，同时，右肩微向前，上身略向左拧，手腕略向里转，虎口在身前斜对胯，甩头向 8 点亮相如提襟位，如图 7-53 所示。

图 7-58　　　　　　　　图 7-59　　　　　　　　图 7-60

（四）手臂的基本动作

圆是古典舞最基本、最典型的运动路线和轨迹。无论手臂怎样移动，动作路线要圆，臂形要保持圆，即使是平拉开也要体现细微的圆的动律。任何动作都要"刚中有柔"、"柔中有刚"。动手先动腕，先由手腕拎起，以腕带动手，眼随手动，这是很重要的规律。

1. 撩掌

手臂由下方至头上方的动作，用手腕向上带动，如图 7-61 所示。

2. 盖掌

手臂由头上方至胸前，做用手心向下盖的动作，如图 7-62 所示。

3. 切掌

手臂由头上方至胸前，掌的外侧向下，掌心朝身体，如刀切状动作，如图 7-63 所示。

图 7-61　　　　　　　　图 7-62　　　　　　　　图 7-63

4. 分掌

手由胸前经头上方向旁或直接向旁，做用手背或转腕力量向外分的动作，如图 7-64、图 7-65 所示。

5. 掏掌

手腕向外旋一小圈，手心向上做用手指刺出的动作，如图 7-66 所示。

6. 穿掌

一手在外，另一手在里做用指尖刺出的动作。可向各个方向穿，如图 7-67 所示。

7. 抹掌

双手手心相对，下面一手由里向外，上面一手由外向里，做交错平抹的动作，如图 7-68、图 7-69 所示。

图 7-64　　　　　　　　　图 7-65　　　　　　　　　图 7-66

图 7-67　　　　　　　　　图 7-68　　　　　　　　　图 7-69

8. 摊掌

手由胸前，从里向外翻掌向前或向斜前方摊出，如图 7-70 所示。

9. 晃手

双手距离保持与肩同宽，手心向外，双臂伸长，然后贴着身体做向左、上、右、下的晃动。向左晃手为左晃手，反之为右晃手，如图 7-71～图 7-73 所示。

图 7-70

图 7-71

图 7-72

图 7-73

图 7-74

图 7-75

10. 摇臂

双臂伸直，手心向外，由手臂带动左右拧身，双臂前后相对在身旁由上至下做立圆画圈的动作。可由前向后做，也可由后向前做，如图 7-74、图 7-75 所示。

11. 云手

双手手心相对，在胸前做一个"揉球"动作，如图 7-76 所示。

12. 盘腕

以腕为轴，手心向上，手掌向上绕一周为上盘腕；向下绕一周为下盘腕，如图 7-77～图 7-79 所示。

13. 小五花

双手手腕相对，以腕为轴，上下交错各做一个完整的盘腕动作，如图 7-80～图 7-82 所示。

图 7-76

图 7-77

图 7-78

图 7-79

图 7-80

图 7-81

图 7-82

四、脚的基本位置和舞步

(一)脚的基本位置

1. 基本脚形

勾脚。要求拇趾带动全脚向上回勾到最大限度，脚心向上翻，如图 7-83 所示。

绷脚。要求拇趾向下压，脚背向外绷起，如图 7-84 所示。

扛脚。要求经过绷脚然后脚尖与脚腕尽量向里外翻，如图 7-85 所示。

勾绷脚。要求拇趾向上回勾，脚背向外绷起，如图 7-86 所示。

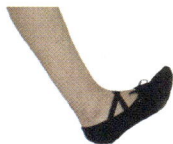
图 7-83

图 7-84

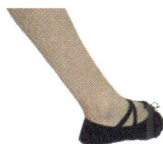
图 7-85

图 7-86

2. 基本脚位

正步位。两脚靠紧，脚尖向正前1点，身体及头的方向正前，重心在两脚上，如图7-87所示。

丁字步位。有左右之分，以左脚为例，左脚跟靠在右脚窝处，如"丁"字。两脚尖分别对2、8点，重心在两脚上，如图7-88所示。

小八字位。两脚跟相靠，脚尖分别对2、8点，身体及头向正前，重心在两脚上，如图7-89所示。

大八字位。两脚跟距离横的一脚半，脚尖分别对2、8点，身体及头向正前，重心在两腿中间，如图7-90所示。

踏步位。这是脚位中富有姿态性的一种，以左脚为例。

①小踏步。身体对2点，双脚在左丁字步位置上，左腿直立为重心，右脚向6点撤步，右脚虚踏步，右膝稍弯，右膝与左膝盖后侧相靠，面向1点或8点斜上方，如图7-91所示。

②大踏步（又叫大掖步）。在小踏步的位置上，左腿屈膝半蹲为重心，右腿绷直向6点撤步，脚背贴地，两大腿根部相靠，身体转向正前略向右前侧倾，面向1点或8点，如图7-92所示。

图 7-87

图 7-88

图 7-89

图 7-90

图 7-91

图 7-92

弓箭步。它是丁字步的一种变形和发展。它是将丁字步的前腿向 2 点或 8 点伸出，屈膝，小腿垂直于地面，与大腿成稍大于 90°的钝角，后腿绷直，脚尖对正前，全脚落地或脚掌着地。重心在两腿中间，两肩和腿在同一平面上，尽量开胯，臀向前顶，如图 7-93 所示。

虚步。有前后、左右之分。

①前虚步。以左脚为例。在小八字步位置上，左脚向正前绷脚擦地到最大限度，脚尖点地，重心在右腿上，如图 7-94 所示。

②后虚步。以右脚为例。在小八字步位置上，右脚向后绷脚擦地到最大限度，大拇趾着地，重心在左腿上，如图 7-95 所示。

图 7-93　　　　　　　　图 7-94　　　　　　　　图 7-95

（二）基本舞步的介绍与训练

舞步在舞蹈身体素质训练中占有很重要的位置。舞步是富于深刻表现力和风格韵律的技巧动作。舞步能使腿脚轻巧、敏捷、稳重而有持久力。舞步也是对舞姿、舞蹈技巧动作具有连接和辅助作用的动作。

1. 圆场步

圆场步是舞步动作的基础。

做法：正步，双手叉腰或单山膀另一手叉腰准备。双腿自然伸直，上腿靠拢（不能僵硬），上步脚用脚跟在另一脚的脚尖前。规律是当前脚由脚跟压到脚掌时，后脚向前上，连续上步移动，如图 7-96 所示。

动作要求：做动作时后背控制，上体不许前后摆动，上下颠伏。走动前要深吸气，尽量屏住气息，走动时慢慢呼出。

训练步骤：应由慢到快，熟练后快慢交替进行。一般以中速为宜，慢的一拍一步，快的一拍两步或不受节拍的限制，

图 7-96

但必须与音乐吻合。行走的路线、身体的姿态可多变化。可先从大圆圈练起，训练过程中可发挥学生的想象设计表现出不同意境、不同情绪的圆场走，使学生在舞蹈实践中得到个性的发挥与发展。

2. 摇步

这是中国古典舞具有女性独特风格的一种步法。

做法：小踏步，双手叉腰准备。以右踏步为例。做动作时，右脚勾脚上步于左脚尖前，重心至右脚，在右脚由脚跟向脚掌压动过程中，左脚再上步，这样连续进行，如图 7-97 所示。

动作要求：上步的脚由后向前时膝关节经过微微的弯曲，脚跟落地后膝关节要直。上左脚右肩略向前拧，上右脚左肩略向前拧，上体要松弛自然，手臂的摆动要与脚步、身体协调一致。

训练步骤：先进行单一步伐训练，步伐节奏不宜太快，中速每拍一步为宜；再进行步伐和身体的配合；最后进行步伐与上肢、眼神、身体动律的综合练习。

图 7-97

3. 碎步

碎步又名花邦步。

做法：正步或小八字步提踵，双手叉腰或顺风旗准备。向旁走动时，一脚向旁迈半步，另一脚立即跟上靠拢，反复进行。向前、后行走时，上撤半步，脚心对着主力脚的脚尖位置，两脚交替上撤步。

动作要求：小腿要放松、灵活，移动时要连贯、轻巧、平稳，上体不能抖动。

训练步骤：可先做向旁的练习，再做向后、向前或圆圈练习。初学时可一拍走两步，熟练后可一拍走四步。然后进行步伐与上肢、眼神、身体动律的综合练习，速度可逐渐加快。

4. 云步

云步又名双脚辗步。

做法：小八字步，双手叉腰准备。做动作时，一脚以脚跟，另一脚以脚掌为轴，向同一方向辗动成反八字。然后两脚变换轴心，继续向同一方向辗动成正八字，如图 7-98、图 7-99 所示。

云步也可双脚正步，同时用脚跟或脚掌向旁辗动，如图 7-100、图 7-101 所示。

图 7-98   图 7-99   图 7-100   图 7-101

动作要求：移动时双腿力量要均衡，臀部和胯不要左右摆动。正八字时两腿内侧靠拢，反八字时两脚脚尖向里扣，膝关节放松，上体正直保持平稳。手的配合动作可逐步丰富变化。

训练步骤：

（1）一拍辗一次。双晃手四拍一次。

（2）一拍辗两次。顺风旗八拍一次。

五、身韵基本动律训练

准备姿态：臀部全着地，双腿盘于身前，开胯。后背自然垂直，肩部放松，眼平视。手腕搭于膝上，双肘放松，也可双手背于身后，肘尖下垂。

（一）沉

在坐的姿态上通过呼气使气息下沉，感觉气沉丹田，以沉气之力带动腰椎从自然垂直状一节一节下压而形成胸微含、身微弯状，在此过程中眼皮随之沉气而徐徐放松，如图 7-102 所示。

（二）提

"提沉"是联系起来之称，事实上动律必然是先"沉"而后"提"的。

在"沉"的基础上深吸气，感觉气由丹田提至胸腔，同时以胸之力而带动腰椎由微弯状一节一节直立，感觉头部顶向虚空，提至胸腔之气不能静止憋住，随着"头顶虚空"而感觉向上延伸，同时眼皮也从微松状逐渐张开，瞳孔以气之力放神，如图 7-103 所示。

图 7-102

图 7-103

（三）冲

基本与"沉"同。但"提沉"是躯干"上下"之动律，而"冲靠"则是"提沉"基础上的"斜移"之动律。具体方法是在沉的过程中用肩的外侧和胸大肌向 8 点或 2 点水平冲出，肩与地面要保持平行线，切记上身向前倾倒。感觉腰侧肌拉长。头有两种配合方法：一种是头和肩相反，如肩向左冲，头略向右偏，眼和冲的方向一致，如图 7-104 所示。另一种是在冲的过程中头向右转成后看状。

（四）靠

"靠"是与"冲"相反的一对不可割裂的动律。俗话说："逢冲必靠、逢靠必冲。"首先"提"，然后在"沉"的过程中用后肩部及后肋侧带动上身向 4 点或 6 点"靠"出，感觉前肋往里收，后背侧肌拉长。要求肩与地面保持水平拉出，绝不是向后躺倒之感。身如向右靠头则微向左转，眼平视放神，头及颈部略向下梗，而不是向上仰状，如图 7-105 所示。

图 7-104

图 7-105

（五）含

在身体动律中，"含腆"是极为重要的。它们是构成身法韵律感所必需的过程。"含腆"也是一对不可分割的相反动律。它们是"提沉"的直接发展。如果说

"提沉"是"上下"动律，"冲靠"是"斜移"动律，"含腆"则是以胸腔和后肩为动力的"前后"动律，是"提沉"的强化结果。

其动作过程与"沉"一样，但要加强胸腔的含收，双肩向里合挤，腰椎形成弓形，空腔低头，如图7-106所示。"含"也可叫"吞"，要注意其与沉的不同之处。尤其要注意："提沉"时上身基本是上下行的运动，"含腆"则是里合外开形成的前后运动。但含的"里合"不是弯腰，而是感觉双肩里合与胸腔收缩。初学者在练习时可用双手抱肩，寻找感觉。

（六）腆

"腆"正好是与"含"相反的运动。它是在提的过程中，双肩向后掰，胸尽量前探，头微仰，使上身的肩胸完全舒展开，如图7-107所示。

图7-106　　　　　　　　　　　　　　　　图7-107

（七）移

"移"是腰肩进行的左右方向的水平运动，与上述的"上下"（提沉）、"斜线"（冲靠）、"前后"（含腆）的动律构成腰部动律的全方位动律。

做动作时要求肩部在腰的发力下向左或向右的正旁移动，与地面成横向的水平运动。先经过"提"，在"沉"的过程中，以腰发力，用肩带动向旁拉长腰肋肌，头与运动方向相反，如图7-108所示。

注意：移是横向的动势，因此，要有不断的延伸感。

（八）旁提

"旁提"是身体作"弧线"运动的元素，是形成体态的线条感的很重要的动律。

在"沉"往上"提"的过程中，身体由下经"移"往上的上身弧线运动，形象犹如一轮弯月和满风的船帆。动作过程中注意以腰带肋、以肋带肩，一节一节往上提，最后形成旁提状，如图7-109所示。要提到最大限度，头在其动作过程中要随着旁提的动律转动180°，眼睛也经过环视屋脊线的180°巡视，要在旁提完成后头才结束转动，眼神仍要继续延伸，整个身体强调由上往下的伸长感，绝不等同于下弯腰。由于"旁提"已经比单纯的元素动律更艺术化了，因此，它的内在表现力十分重要。

图 7-108

图 7-109

六、身韵元素组合训练

（一）组合音乐

1=F   4/4   中速

（乐谱略）

（二）组合基本动作

第一，提沉、冲靠、含腆、横移。

第二，小五花、双晃手。

（三）组合动作顺序

前奏：双腿盘坐，面向 1 点，手腕搭于膝上，双肘放松。

第一遍音乐：

（1）由沉到提拔到最高点，同时吸气、放神，眼望 1 点。

（2）慢慢下沉，同时呼气，低头收神，眼睑下垂。

（3）～（4）动作同（1）～（2）。

（5）右臂由体侧向旁撩掌山膀位，同时吸气、放神，眼望 1 点。

(6)右臂沉肘落腕下落，慢回落于体侧后背手，同时呼气，低头收神，眼睑下垂。

(7)～(8)动作同(5)～(6)，方向相反。

(9)～(10)双臂旁起旁落各一次。

(11)～(12)提沉，小五花一次。

(13)～(14)动作同(11)～(12)。

(15)双臂旁起到斜上方，同时吸气放神，眼望1点上方。

(16)双臂慢慢收回背后，同时呼气，低头收神，眼睑下垂。

第二遍音乐：

(1)身体向8点冲出，抬头挺胸亮相。

(2)身体向4点后靠，含胸亮相。

(3)～(4)动作同(1)～(2)。

(5)身体向2点冲出，抬头挺胸亮相。

(6)身体向6点后靠，含胸亮相。

(7)～(8)动作同(5)～(6)。

(9)身体向4点后靠，双臂由4点方向开始晃手至左手摊掌、右手胸前按掌，含胸亮相。

(10)身体向8点冲出，抬头挺胸亮相，双晃手至左手按掌位，右手山膀位。

(11)～(12)动作同(9)～(10)，最后一拍沉，双手背后。

(13)～(16)动作同(9)～(12)，冲靠方向是2点、6点方位，晃手从6点开始，最后一拍快速沉提，眼放神，望1点。

第三遍音乐：

(1)～(2)身体向5点后靠，收头含胸。

(3)～(4)身体向1点腆出，挺胸抬头。

(5)身体向5点后靠，收头含胸。

(6)身体向1点腆出，挺胸抬头。

(7)～(8)动作同(5)～(6)。

(9)身体慢慢向左侧横移。

(10)身体慢慢回原位。

(11)向左横移，回位一次。

(12)向右横移，回位一次。

(13)～(16)动作同(9)～(12)，方向相反。

第三课　藏族民间舞

一、藏族民间舞蹈的风格和动作特点

藏族人民在广阔的区域中创造了悠久的历史文化和丰富多彩的民间歌舞艺术。他们是一个能歌善舞的民族，善于以歌述怀，借舞抒情。歌舞是他们生活中不可缺少的组成部分。歌与舞的联系十分密切，多是歌中有舞，舞中有歌，歌舞一体，构成了一种独特的民族艺术风格。

藏族民间歌舞分为自娱性和表演性两种，也有群众性与专业性之别。

舞蹈的种类在各藏区趋于一致。即弦子舞(称依、叶)、锅庄舞(称卓、果卓)、踢踏舞(称堆、堆谐)、寺院舞(羌姆)，还有藏戏舞蹈以及民间寺庙宫廷均有的鼓舞，包括热巴铃鼓舞、背鼓舞、山南腰鼓舞等。同时，还有古典乐舞——嘎尔巴、宫廷乐舞——朗玛谐及踢踏舞。这些种类几乎在所有藏族居住地区都能目睹。但在民间出现得更多的是弦子、锅庄、踢踏，这三种形式百姓喜闻乐见，参与性强，能同歌同舞同乐，故得以最广泛的传播。

堆谐(踢踏舞)。这是藏族丰富多彩的歌舞形式之一，属于表演性较强的歌舞形式。源于雅鲁藏布江上游地区，流传到拉萨、日喀则、江孜及四川省昌都、甘孜等地。堆谐音乐和舞蹈有完整的程式，有固定的引子和尾声曲。正曲由"降谐"(慢板)和"觉谐"(快板)两部分组成。降谐曲调悠扬，以唱为主，舞为辅；觉谐曲调轻快，以舞为主，唱为辅。舞蹈时膝部松弛而有弹性，脚下灵活，以踢、踏、悠、跳等脚部动作踏出有规律、有变化的各种节奏点来表达情感，形成堆谐朴实自如、轻捷灵活、细腻精湛的风格特点。

谐(弦子舞)。这是历史悠久的藏族歌舞形式，源于四川巴塘，流行于四川、西藏、云南、青海的藏族地区，并闻名于全国。谐以其音乐曲调悠扬动听，舞蹈动律以松弛、舒缓和柔美著称。谐的曲调丰富，不同的曲子都配以不同的舞步，内容大多是歌颂爱情、劳动、家乡或自然景物等方面。舞蹈一跳起来，长袖轻拂，舞姿婀娜，形成了优美、流畅，屈伸连绵不断的风格特点。谐的表演程式是：男女各站一排围成圆圈，由一男子拉着弦子在前领舞，随着弦子的曲调边歌边舞。

卓(锅庄)。卓是藏语"果卓"的变音。卓是一种劳动气息浓厚、粗犷豪放的

藏族古老歌舞形式之一。卓流行很广，种类繁多，风格不一，区别于其他藏舞之处的是卓曲调辽阔深沉，节奏顿挫有力，生活劳动气息浓，动作幅度大。卓舞的形式是：围成圆圈，男一段，女一段，对歌起舞，自右而左环绕场地载歌载舞。

藏族歌舞种类形式繁多，地区不同而风格各异。不同类型和不同风格的藏族舞蹈中，都包含有共同的精髓元素"颤"、"开"、"顺"、"左"、"绕"。在舞蹈的动律上还普遍存在着最基本的"三步一变"、"后撤前踏"、"倒脚辗转"、"四步回转"的共同规律。在这种共同规律的基础上产生出种种不同的变化，再加上手势的动作、腰身的韵律、音乐的区别而构成不同的舞蹈风格。如卓的豪放粗犷，谐的柔美开朗，堆谐的细腻精湛，果谐洒脱奔放等。

藏族民间音乐一般都具有活跃、热烈、朴实或优美抒情的特点。歌舞音乐多为同一首歌曲用分节歌的形式反复演唱，很少变换调性。器乐往往是随腔伴奏，即兴发挥。乐曲由慢转快，慢速时音符密集，快速时音符简化。藏族的民族乐器种类繁多，主要有札木聂（六弦琴）、扬琴、牛角胡、根卡、二胡、竖笛、大号、大鼓、锣和串铃等。

二、体态动律练习

藏族民间舞蹈共同动律特点：膝关节连续不断、小而快、有弹性的颤动或连绵柔韧的屈伸。有颤动或屈伸的步法形成重心移动，带动了松弛的上肢运动，使手臂动作多系附随而动，不能有丝毫的主动。如踢踏舞中的第一基本步和滴答步，弦子舞中的平步、靠步和拖步。体态动律练习可结合基本舞步进行练习。

三、手和脚的基本位置

（一）手的基本位置
双手扶胯、双手在胯旁及前后做悠摆、单背袖、旁展单背袖。
（二）脚的基本位置
自然位、丁字步位。

四、基本舞步

(一)踢踏舞基本舞步

1. 第一基本步

两拍完成。正步面向 1 点准备。预备拍后半拍，双膝微屈，直的同时小吸起左腿，同时右前脚掌抬起。第一拍前半拍，右膝关节屈，脚掌打地（此动作又称"冈达"）。然后保持颤膝原地踏步左右左，接反面。同时双手交替外划，四拍左右各完成一次。

2. 退踏步

两拍完成。正步双臂体两侧下垂准备。第一拍右脚后撤半步，脚掌着地，身体保持与左脚垂直，然后左脚原位踏落。第二拍右脚前踏落，然后自然抬起接下一步。同时双手于体侧前后悠摆手。

3. 抬踏步

两拍完成。左丁字步正对 1 点准备。预备拍后半拍，右膝略屈，左脚向 8 点伸出。第一拍左腿吸回，右脚"冈达"，然后左脚踏落小八字位。第二拍右脚踏落右丁字步。接反面。同时双摆手配合。

4. 滴答步

一拍完成。左丁字步正对 1 点准备。预备拍，重心在右脚，前脚掌抬起。前半拍右腿屈膝同时前脚掌落地，左腿原位提起。后半拍左脚踏落地，双膝直。同时双臂体前盖分摆臂或胯前交替外划。

5. 连三步

两拍完成。小八字步面向 1 点准备。做动作时略向 8 点移动，踏落右、左、右，左脚踢出 8 点，右腿膝关节略屈。同时双手从体旁低位摆至右手左斜前位，左手于体后。

6. 七下退踏步

四拍完成。正步面向 1 点准备。第一拍经双膝关节微屈吸回左腿，右腿直起，"冈达"后屈。然后左后撤落，双膝屈。第二拍动作相反。第三拍吸回左，右"冈达"，然后左落前。第四拍右落八字步，膝略屈，同时左脚踢出 8 点。动作过程中躯干略前含，并随动作稍有画圆。手在胯前交替外划手（右、左、右），最后右手腹前，左手体后朝 4 点摆。

7．悠踢步

四拍完成。小八字步面向 2 点准备。第一拍左"冈达"同时右小腿向 6 点踢起，然后左膝继续屈，右脚滑落原位。第二拍左"冈达"同时右腿向 2 点踢起，然后左膝继续屈，右脚滑落原位。第三拍左"冈达"，右原位吸起。后半拍和第四拍原地踏步右、左、右，同时转向 8 点接相反动作。动作过程中，双手前后分别起于 8 点、4 点，然后自然配合悠摆。

（二）弦子舞基本舞步

弦子舞基本舞步的身体动律是重拍向上，膝关节的屈伸应有柔韧性。

1．平步

二拍完成。正步面向 1 点准备。预备拍左腿屈膝，右腿屈膝右脚离地。第一拍右脚落地。第二拍双腿膝关节慢慢伸直，身体向右后旁靠身。然后接相反动作，做动作时双手叉腰。

2．靠步

在平步的基础上，动力腿用脚跟靠在主力腿脚掌内侧，同时双膝慢慢伸直。

（1）单靠。两拍一步，以右脚为例。第一拍右脚原地平步一次，第二拍左脚跟靠在右脚掌内侧，也是平步感觉只是脚跟落地。

（2）长靠。四拍一步。做法同单靠，只是走三次平步，第四拍靠步。

（3）连靠。一拍一步可原地做连续靠步。

3．单撩步

两拍完成。正步面向 1 点准备。预备拍左腿屈，右腿略抬。第一拍右腿正前迈步，成直腿支撑。然后右腿屈，同时原地吸起左腿。第二拍右腿直，同时左小腿撩出。然后右腿屈，同时左小腿回吸腿位，接相反动作。动作时双手交替摆撩自然协调配合。撩步，双腿屈之后才提动力腿，有瞬间悬挂感，小腿再自然悠出，形成动力腿拢起后悠摆的动感。与平步结合可成为常用的三步一撩。

4．拖步

一拍完成。正步面向 1 点准备。预备拍重心在左脚，膝关节略屈。前半拍右脚向 2 点跃迈步，落地渐屈。后半拍左脚掌内缘着地随之拖回，重心移至左脚。行走方向可走之字形。手臂动作单撩袖。拖步，以远跃掉落、慢拖快换重心的动律，形成了慢拖快起的步态动感特点。

五、手臂基本动作

（一）撩袖

1. 单撩袖

单臂由下经体前或体侧向上撩起，如图 7-110 所示。

2. 单背袖

单臂撩袖屈肘于头侧，掌心向外，如图 7-111 所示。

图 7-110 图 7-111

（二）摆袖

以肘部带动全臂做前、后、左、右、里、外的单摆、双摆或交替摆袖。

（三）掏甩袖

1. 单臂掏甩袖

左小臂体前盖掌，右小臂从体下经左臂与胸之间掏袖至头上甩袖，如图 3-112～图 7-114 所示。

图 7-112 图 7-113 图 7-114

2. 双臂甩袖

双臂屈肘平抬于胸前，两手心向下。做动作时双手外掏、小臂甩袖，如

图 7-115、图 7-116 所示。

图 7-115　　　　　　　　　　　　图 7-116

（四）献哈达

献哈达如图 7-117～图 7-119 所示。

图 7-117　　　　　　图 7-118　　　　　　图 7-119

六、组合训练

（一）踢踏步组合

1. 组合音乐

库　玛　拉

1=G　2/4　3/4　小快板

（2）　　　　　　　　　　　　　（4）　　＊转 1=C　　　（6）

（拉索—厄）‖: 2221　21 :‖ 5640　5640 ∣ 22　21 :‖ i3　2̇3̇2̇i̇ ∣ i̇2̇i̇　66 :‖

（8）　　　　　　　　　（10）　　　　　　　　　　（12）

63̇　i̇i̇ ∣ 3̇i̇2̇　66 ∣ 6666　36 ∣ 6666　36 ∣ 6666　60 ‖: 3̇·2̇　3̇·2̇ ‖

（14）　　　　　　　　（16）　　（17）　　D.C

i̇i̇　i̇0 :‖: 56　656 ∣ 565　35 ∣ 35　332 ∣ i̇i̇　i̇0 :‖ 332　332 ∣ 11　10 ‖

2．组合基本动作

基本舞步。第一基本步、抬踏步、退踏步、滴答步、七下退踏步、结束步、跺步等。

手臂基本动作。前后摆袖、里外摆袖、双晃袖、敬礼。

3．组合动作顺序

舞者集体喊："拉索—厄！"

（1）原地右脚重踏地两次（也叫跺步）。

（2）（加反复）做右退踏步两次，同时两臂交替前后摆袖。

（3）～（4）（加反复）右脚起步"冈达"三次（右、左、左）接右前踏步（也称七下退踏步）。此动作做两遍。

第一遍音乐：

（5）～（6）（加反复）右脚起步第一基本步四次，双臂随舞步于体侧交替由前向外画弧线摆袖。

（7）～（8）右脚起抬踏步两次。同时双臂做左、右晃袖，敬礼式两次。

（9）～（10）动作同（2），重复三遍。

（11）～（13）（加反复）右脚起两脚交替原地随节奏×　×｜×　×　×｜跺步，也叫二、三步，第一、第二拍向左转身，第三拍开始向右转身，双臂放松做里外摆袖。此动作重复做一遍。

（14）～（17）（加反复）右滴答步七次，同时双臂每两拍由外向里或由里向外双摆袖一次，如图7-120、图7-121所示。第八拍右脚原地重踏一步，后半拍右腿提膝跳起带动身体离地同时，左脚离地。此动作重复做一遍。

第二遍音乐：

（5）～（17）动作同第一遍音乐（5）～（17），做第二基本步。

图 7-120 　　　　　　　　　　　　图 7-121

结束句：

（1）～（2）右脚起双脚交替向 1 点半拍一步踩跑，共四步，同时，双臂体两侧自然打开，身体略前倾，第三、第四拍以左腿为主力腿，右脚原地全脚重踏地两次（每拍一次），同时双臂体前交叉，然后打开于体两侧，身体随动作左右转动，此动作亦称四二结束步，如图 7-122、图 7-123 所示。

图 7-122　　　　　　　　　　　图 7-123

（二）弦子组合

1. 组合音乐

1=♭B　4/4　慢板、抒情地

2. 组合基本动作

（1）基本舞步。三步一撩、靠步（单靠、连靠、长靠）、三步一踩、三步一抬。

（2）手臂基本动作。双臂横摆袖、单撩袖、单背袖、敬礼。

3. 组合动作顺序

第一遍音乐：

（1）～（2）面向 8 点。步法与节奏：两拍一次，三步一踩（左脚起步半拍一步走三步，第四步全脚踏地）共四次，走之字，同时，双臂左右横摆袖，双膝放松，应有自然的上下颤动，如图 7-124、图 7-125 所示。

图 7-124

图 7-125

（3）～（4）第一、第二拍三步一抬（左脚起步向左），旋走一圈（左脚起走三步，第四步正吸右腿）。同时，双臂由胸前交叉后打开成左手高右手低。第三拍至第八拍，三步一撩，后退三次（右、左、右），然后左小腿前撩，同时双晃手成左单背袖，右手于胸前屈肘，如图 7-126 所示。

（5）向 8 点左脚上一步，右脚单靠，同时，左臂自然前平伸，手心向下，右臂单撩成单背袖，然后右脚退一步，左脚单靠，同时，左手端掌于胸前，右手臂于右侧平举，手心向下，如图 7-127 所示。

图 7-126

图 7-127

（6）三步一抬（二拍一次），向左旋走一圈，同时双臂由胸前交叉后打开，左手高右手低。接着原地单靠（一拍一次）两次（先左后右），同时左臂保持托掌位，手心向里，右臂屈肘于胸前，手心向下，然后翻掌向右侧平伸打开。

（7）向右做长靠一次，双臂体侧平伸开，手心向下随脚步自然交替晃臂，最后左臂单撩甩袖。

（8）第一、第二拍左脚向 6 点退一步，右脚单靠，同时右手端掌于胸前，左臂体侧自然打开，第三、第四拍三步一抬向右旋走一圈，同时双臂体前交叉后打开，左手高右手低，如图 7-128、图 7-129 所示。

图 7-128   图 7-129

（9）左脚落地右脚单靠，身体转向 2 点，右手姿态不变，左手屈肘于胸前向右横摆袖，接着右脚原地踏一步，左脚连靠两次，身体转向 8 点，左臂由 2 点向 8 点平伸打开。

第二遍音乐：

（1）向 8 点左脚起步，二拍一次的三步一撩做两次，同时双臂慢慢由体前分掌打开(右手高，左手低)。

（2）向左做四拍一次的长靠一次，同时第一拍左手摊掌向左打开，第二拍右手向左盖掌，第三拍双手翻掌，第四拍双手撩成右顺风旗。如图 7-130～图 3-133所示。

图 7-130   图 7-131

图 7-132   图 7-133

（3）～（4）动作同（1）～（2），方向相反。

（5）第一、第二拍左脚向左横迈一步撤右脚成小踏步，同时双臂体侧平伸上下小晃臂成左单背袖，右手后背。第三、第四拍单靠两次（右，左）从右转一圈，同时先右后左地双臂交替单撩甩袖。

（6）第一、第二拍左腿提膝抬起，然后碎步向左横走两拍，同时，双臂平伸自然打开。第三、第四拍左手单背袖，右脚连靠两次，同时右手手心向上，右臂平伸于体前慢慢向右打开。

（7）～（8）动作同第一遍（7）～（8）。

（9）第一、第二拍左脚向左横迈一步，撤右脚成小踏步，同时，双臂体两侧平伸打开，经上下小晃臂成右单背巾，左手后背，如图7-134所示。第三、第四拍右脚向左横迈一步，重心移至右脚，左脚连靠两次。右手姿势不变，左臂由2点向8点平伸，慢慢打开。

（10）第一、第二拍右脚起步由右平步旋走四步转一周，同时双臂体前分掌打开。第三、第四拍右左交替提膝抬小腿，后退两步（先右后左），同时，双臂同方向小晃手。

（11）左腿屈膝为主力腿，右腿直膝侧踮步，同时双臂大晃手于体右侧成敬礼状，身体侧倒，亮相结束，如图7-135所示。

图7-134   图7-135

第四课　蒙古族民间舞蹈

一、蒙古族民间舞蹈的风格和动作特点

在辽阔的大草原上，世代蒙古族人民"逐水草而居"，过着狩猎游牧生活，

培养了蒙古族人民勇敢、热情、豁达、豪放的性格，创造了蒙古族人民古老而灿烂的草原文化。蒙古族民间舞就是草原文化园地中的一枝奇葩。

蒙古族是能歌善舞的"马背民族"。蒙古族舞蹈最鲜明的特点就是节奏明快，热情奔放，语汇新颖，在一挥手、一扬鞭、一跳跃之间洋溢着蒙古人的纯朴、热情、勇敢、粗犷和剽悍，表现了他们开朗豁达的性格和豪放英武的气质，具有强烈的民族特色。动作多以抖肩、翻腕来表现蒙古族姑娘欢快优美、热情开朗的性格。男子的舞姿造型挺拔豪迈、步伐轻捷洒脱，表现出蒙古族男性剽悍豪迈、刚劲有力之美。蒙古族舞蹈与美酒有不解之缘，有酒必有歌舞相伴，有歌舞也必有美酒助兴。

蒙古族民间舞蹈有悠久的传统，距今四五千年的历史。蒙古族舞蹈大体分为三类：民间舞蹈、宗教舞蹈和宫廷舞蹈。

下面介绍几种蒙古族舞的代表性作品。

筷子舞。多用于喜庆欢宴的场合，由男子单人或多人表演。舞者单手或双手握一把筷子，随着腿部韧性屈伸、身体的左右晃摆，快速抖动双肩。两臂松弛流畅地用筷子敲打手、肩、腰、腿等各个部位，同时还配跪地、下腰等动作，舞姿洒脱利落，击筷动作灵巧多变。至高潮时，边舞边呼号助兴，淋漓尽致地表现了蒙古族热情、开朗、剽悍、豪迈的民族个性。

盅碗舞。女子独舞或群舞，多出现在庆典酒宴上。舞者头顶碗，双手各持两个酒盅，随音乐节奏和身体动律相击，发出清脆的声响。两臂不断地舒展屈收，臂和后背动作细腻，身体或前进或后退，意在表现蒙古族妇女端庄娴静、柔中有刚的性格气质，给人一种优美、精湛、典雅的美感。

安代舞。最初是一种用来医病的萨满教舞蹈，含有祈求神灵庇护、驱魔消灾的意思，后来才慢慢演变成表达欢乐情绪的民族民间舞蹈。人数不限，一人领唱，众人相和。舞者手持绸巾随歌起舞，动作简单奔放，气氛热烈欢腾。这种歌舞在蒙古族地区十分流行，每逢年节喜庆之时人们都会即兴起舞。

蒙古族民间舞蹈音乐特点是热情奔放、悍健有力、节奏欢快，富有草原风格和浓郁的生活气息。调式多为羽调式。音域较宽，音程跳跃大。马步音乐活泼、跳跃，常连续使用× ×× × ××节奏。马头琴是蒙古族最有特色的民间乐器。蒙古族民间舞蹈的伴奏乐器有四胡、笛子、三弦、扬琴等。

二、体态动律练习

蒙古族民间舞蹈的基本体态明显，女子体态为后点步位，男子体态为前点步位，上身略后倾，颈部稍后枕，造型动作典型，在动作流动中也不失这一基本特点。蹚拖特点的步伐和上身松弛交错平扭及画圆是它最典型、最基本的动律。

三、手形、脚位和手位

（一）手形

四指并拢，拇指自然伸直。

（二）脚位

自然位、基本位、八字步位、踏步位。

（三）手位

1. 常用手位

一位。双臂平行前伸于小腹前，手心对身体，双肘略弯曲，如图 7-136 所示。

二位。双臂体前斜下举，手心向下，如图 7-137 所示。

三位。双臂侧平举，手心向下，如图 7-138 所示。

图 7-136   图 7-137   图 7-138

四位。双臂斜上举，掌心向外，如图 7-139 所示。

五位。双手于右（左）胯侧按掌，如图 7-140 所示。

六位。双臂肩侧屈，手指触肩，如图 7-141 所示。

七位。双手握拳，拇指伸出叉腰，手背朝上，如图 7-142 所示。

八位。双臂后背于体后按掌，如图 7-143 所示。

图 7-139　　　　　　　　　图 7-140　　　　　　　　　图 7-141

图 7-142　　　　　　　　　　　　　　图 7-143

2. 勒马手位

勒马（拉缰绳）。里挽花后手于胸前压腕拉缰绳，同时屈肘，舞蹈中可单手拉缰绳，如图 7-144 所示，也可双手拉缰绳。

举鞭。右手持鞭，由下往前向头上举叫举鞭，也叫扬鞭，如图 7-145 所示。

图 7-144　　　　　　　　　　　　　　图 7-145

加鞭。右手持鞭（模仿动作）由上经前、向后甩鞭叫加鞭，如图 7-146

所示。

挥鞭。右手持鞭，高举头上抖动腕叫挥鞭，如图 7-147 所示。

图 7-146   图 7-147

四、手、肩、臂基本动作

（一）手腕的动作

硬腕。手腕有节奏地提压腕或横腕左右移动。节奏要鲜明，动作要有弹性。一般硬腕常做成单双手提压腕、双手交替提压腕、横腕三种。

柔腕。手腕慢节奏地、柔韧地提压腕或横腕左右移动。

翻转腕。手掌外缘带动向外或向里翻转腕推拉掌。

（二）肩的动作

硬肩。双肩有棱有角，脆而不僵地前后交替移动。

柔肩。双肩柔中有刚，连绵不断地前后交替移动。

耸肩。双肩有弹性地同向或交替地上下跳动。

笑肩。双肩弹性起落，松弛灵活，一般连续起落三次为一个笑肩。

甩肩。以肩带臂，潇洒豪放地单肩或双肩交替前后甩动。

碎肩（也叫抖肩）。双肩快速均匀，流畅自如地前后交替抖动。

（三）臂的动作

柔臂是肩部动作的延续和波浪形伸展，是整个臂部关节大幅度的动作。一般在柔肩训练后进行。

五、基本舞步

(一)平步

身体端正，双膝自然弯屈，脚下随节拍均匀地拖着走，身体随呼吸而起伏。男性一般全脚落地，肩、身体和谐自然晃动，以示剽悍、健壮。女性可立脚掌走，给人以端庄、活泼之感。

(二)错步(属连接步法)

以身体起伏横摆和附点节奏的步法，形成了前踏后拖的动感特点。这种步法多与前点、后踏、重心的移动和反弹相连接。如前错步，左脚向前蹭地起出，右脚拖地附随，双手提腕经胸前至头上，身体随之晃动。第二拍，落右脚，双手向旁分开，压腕。第三拍，上左脚成右踏步，双手三位提腕。第四拍，舞姿不变，压腕。其他方位的错步，做法同上，方向相反。

(三)马步

马步来自游牧生活中对骑马姿势的模拟。马步动作以脚下变化为主。下身模仿马的奔跑、跳跃等动作，上身展示人骑在马上的神态，因此，腰部要控制平稳，使它形成完整协调的统一体。

走马步。两拍完成。正步位右脚尖着地，面对8点，上身拧向1点，左手勒马右手叉腰，身体略后靠。预备拍，呼吸，右脚前伸，勒马手略前伸。第一拍，落右脚，左脚紧贴于右脚旁，脚尖着地，双膝弯屈，左手勒马。后半拍，左脚前伸，勒马手略前伸，右膝稍直。第二拍，落左脚，右脚紧贴于左脚旁脚尖着地，双膝弯屈，左手勒马。走马步可行进也可原地做象征性马走。

跑马步(又称长跑马步)。四拍完成。正步双膝弯屈，上身前倾，左手勒马，右手加鞭。第一、第二拍，左、右、左脚向前交替跳落。第三、第四拍，右、左、右脚向前交替跳落。步法节奏是 $\times$ $\underline{\times\ \times}$ $\ \ \ \times$ $\underline{\times\ \times}$ |，以示马的急速奔驰。

摇篮马步。一拍完成。正步，左手勒马，右手头上挥鞭。前半拍，右脚落于左脚外侧，左脚外缘着地，双膝弯屈，重心移至右脚。后半拍，左脚全脚落地，右脚外缘着地，重心移至左脚，双膝弯屈。

刨步。八拍完成。八字位，双膝弯屈外开，右脚斜前点地，身体右斜前方倾，双手勒马面向1点准备。第一、第二拍，舞姿不变，右脚尖刨地两次。第三、第四拍，右、左、右交替落地，重心移至右脚，双膝弯屈外开，左脚斜前

点地。第五至第八拍，做法同前，方向相反。

踩掌步。一拍完成。右脚前左脚后，半脚掌着地，双膝关节弯屈外开，双手勒马准备。做动作时，保持原姿态横踩移，一拍两次。也可原地、前进做。

交替摆步。四拍完成。正步膝部微屈，双手勒马准备。第一拍，右左脚交替踏地。第二拍，右脚踏地，同时，左腿旁摆，上身右倾。第三拍，左脚收回踏地，后半拍右脚踏地。第四拍，左脚踏地，同时右腿旁摆，上身左倾。

进退跑马步。两拍完成。脚自然位，双膝弯屈，上身前俯，双手勒马准备。第一拍，右脚经旁划至前落，后半拍左脚原地踏步。第二拍，右脚后撤，后半拍左脚原地踏步。此动作可原地做，也可行进做。

六、硬腕手位组合

（一）组合音乐

草原赞歌片段

1=F　2/4　稍快

	（2）			（4）			（6）			（8）	
6̣6̣ 22	336 22	112 36	223 2	112 36	21 6̣	5̣6̣ 231	6̣ -

	（10）			（12）			（14）			（16）	
22 222	36 22	112 36	2 23 2	112 36	21 6̣	5̣6̣ 231	6̣ -

	（18）			（20）			（22）			（24）	
6 ·35	6 -	36 62	3 -	335 66	53 2	12 351	6̣ 6̣ ‖

（二）组合基本动作

基本舞步。踏跕步、平步、进退步。

手腕、肩的基本动作：硬腕、圆肩、硬肩和常用手位。

（三）组合动作顺序

预备动作：右小踏步，双手叉腰（七位手）。

第一遍音乐：

（1）～（4）面向1点，左脚起步向左踏跕步四次，同时三位手交替提压腕，头左右自然摆动，如图7-148所示。

（5）～（8）脚下动作同（1）～（4），四位手做横腕摆动。

（9）～（16）动作同（5）～（8），原地向左四拍转体90°共转四次，最后回原位。

(17)～(18)左脚向8点上步，重心前移，右脚跟点，同时，右手左斜下方单提压腕两次，左手二位手压腕不动，如图7-149所示。

(19)～(20)向左后辗转一周成右踏步，右臂四位，左臂三位，双提压腕两次，如图7-150所示。

(21)～(24)动作同(17)～(20)。

图7-148　　　　　　　　　图7-149　　　　　　　　　图7-150

第二遍音乐：

(1)～(16)右脚起步每四拍向1点上一步，共上四步。每步交换一个手位。从一位至四位，每位双提压腕四次。

(17)～(20)右脚起二拍向2点上一步共四次，同时双臂高低手(右高左低)，双提压腕四次，由低向高。

(21)～(24)动作同(17)～(20)，方向相反。

第三遍音乐：

(1)～(2)第一、第二拍右脚撤回为大八字位，双臂三位，双提压腕一次。第三、第四拍重心移至右脚，左手四位右手三位提压腕一次。

(3)～(4)动作同(1)～(2)，方向相反。

(5)～(8)动作同(1)～(4)。

(9)～(12)右脚起步平步每拍一步，后退四步，双臂交替向外翻转腕(一只手向里，另一只手向外)，翻转腕成手心向外，交换手，方向相反做四次，然后撤右脚成右小踏步，同时，双臂五位于左胯旁交替提压腕四次，如图7-151～图7-153所示。

(13)～(16)动作同(9)～(12)。

(17)～(18)第一、第二拍右脚向1点迈一大步，右腿直膝，左脚拖步跟上步。第三、第四拍右脚再向前上一步，同时双臂胸前提压腕并向四位打开，然后从头两侧分开于三位双提压腕一次，如图 7-154～图 7-156 所示。

图 7-151

图 7-152

图 7-153

图 7-154

图 7-155

图 7-156

（19）～（20）随主力腿膝关节屈伸（二拍一次），左脚前后点地各一次，同时左右臂交替四位和三位提压腕，如图 7-157、图 7-158 所示。

（21）～（24）动作同（17）～（20），左右相反，向后退步。

第四遍音乐：

（1）～（4）六位手圆肩，右脚为动力腿向 8 点进退步（四拍一次），重复做两遍。

（5）～（8）动作同（1）～（4），向 2 点方向做，左脚为动力腿。

（9）～（16）动作同第三遍音乐（17）～（24），向左右方向做。

（17）～（20）双手七位，平步进退各四步，同时动硬肩。

（21）～（22）第一、第二拍右脚横迈一步，重心移至右脚，动硬肩两次。第三、第四拍重心再移至左脚，动硬肩两次。

（23）～（24）第一拍右左腿交替吸跳一下，同时双臂体前交叉打开，右高左低。第二、第三拍碎步向右旋走一圈。第四拍上左脚或右小踏步，双手叉腰，亮相结束，如图 7-159 所示。

图 7-157　　　　　　　　　图 7-158　　　　　　　　　图 7-159

第五课　维吾尔族民间舞

一、维吾尔族民间舞的风格和动作特点

辽阔的新疆地区素有"歌舞之乡"的美誉，13 个少数民族创造了灿烂的文化和绚丽多彩的歌舞艺术。经过历代新疆各族人民的艺术创作和不断追求、完善，新疆各族舞蹈成为民族色彩鲜明、风格独特、深受人们喜爱的民族民间歌舞艺术。这里主要介绍维吾尔族民间舞蹈。

维吾尔族民间舞蹈热情、奔放、细腻，有时也很幽默。舞蹈造型优美、挺拔。舞蹈中通过扬眉动目、晃头移颈和丰富多变的手腕、拍掌、打指等动作的巧妙配合，表现出不同人物的内心情感和人物性格，使舞蹈风格浓郁、别具一格。"微颤"是维吾尔族民间舞中富有特色的动律，使舞蹈动作柔和优美、衔接自然。男女在舞动的高潮中多用旋转技巧，讲究多姿、快速、戛然而止，具有浓郁的西域风格。

维吾尔族民间舞蹈，可分为自娱性舞蹈、风俗性舞蹈、表演性舞蹈三类。现流传于新疆各地的民间舞蹈主要形式有：多朗舞、赛乃姆、萨玛舞、夏地亚纳、纳孜尔库姆、盘子舞、手鼓舞等。下面我们介绍最常见的多朗舞和赛乃姆。

多朗舞。属风俗性舞蹈。"多朗"是居住在塔里木盆地、叶而羌河畔古代维吾尔族人的自称。多朗舞是他们传统风俗活动中的重要组成部分。每逢婚嫁、喜庆日欢聚时，都跳多朗舞。多朗舞有一套完整的表演程式。表演时的音乐伴奏按《多朗木卡姆》的演奏顺序进行。多朗舞的表演程式：不分男女老少，团团围坐，鼓声起后，纷纷邀请对手双双起舞，其舞步稳健豪放。随音乐节奏由慢而快。舞蹈由双人对舞转为集体圈舞，又由圈舞发展成双人竞技性旋转表演，动作勇猛、矫健。伴奏乐器有卡龙、多朗热瓦甫、艾捷克、手鼓等。

赛乃姆。属自娱性舞蹈。广泛流传在新疆天山南北的城镇乡村，跳"赛乃姆"是维吾尔族人民文化生活中不可缺少的一种自娱性活动。赛乃姆的表演较自由，无论室内室外均可进行。开始表演前，群众围坐，乐队和伴唱者聚集一处。音乐开始后舞者进场，可独舞、对舞，也可 3～5 人同舞。舞者随琴声、鼓点由慢到快即兴表演，也可邀请观众同舞。舞至高潮时，观众和着节奏拍手并欢呼助兴。当然，各地区的赛乃姆风格特点互不相同。南疆以喀什为代表，保留着古朴风格，舞蹈稳重优美，身体各部位动作细微，感情注重内含。北疆以伊犁为代表，舞蹈吸收了一些其他民族歌舞成分，动作潇洒、奔放、轻快利落。东疆以哈密地区为代表，风格平稳、安详、风趣、乐观。赛乃姆的伴奏乐器有弹拨尔、热瓦甫、都它尔、沙塔尔、手鼓等，以手鼓掌握舞蹈速度。

维吾尔族民间舞蹈的伴奏音乐非常丰富，其特点是曲调活泼、愉快、开朗、幽默。音乐伴奏多用切分音、附点节奏，弱拍处常给以强奏的艺术处理，用以突出舞蹈的风韵和民族色彩。附休止符在乐曲中形成明显的动与静的对比，达到动中有静，静中有动的效果。手鼓在音乐伴奏中是不可缺少的，它能稳定速度，发挥其烘托舞蹈气氛和表达情感的作用。

常用的主要节奏：

第一，2/4 ×11 ×1｜这种节奏情绪活泼，愉快。

第二，2/4 ×1 ×1｜或×11 ×1｜这种节奏稍有跳跃感，表现情绪轻快，但以平稳为主。

二、体态动律练习

体态的腰背挺拔，这一特点贯穿维吾尔族民间舞蹈的始终，形成了突出的风格特点。摇身点颤是女性舞蹈中的一种基本动律。做法如下：以右腿为主力腿，膝微屈，左脚旁点位离地准备。前半拍，左脚拇指内侧点地，右腿直膝，身体重心上移，同时身体左肩带动平摇。后半拍右腿膝关节微屈，身体重心还原左脚离地。动律内在，富有弹性。练习时从叉腰开始，逐步加入常用手位进行摇身点颤动律练习。练习中应做到"挺拔而不僵"，"微颤而不窜"。

三、常用手形、手位、脚位

　　常用手形。女，立腕，手指松弛，中指、拇指靠近。男，平手，有时稍立腕。

　　常用手位。叉腰位、提裙位、山膀按掌位、山膀立腕位、顺风旗位、双按位、双托位、托按位、托帽位、敬礼位，如图 7-160～图 7-170 所示。

　　常用脚位。正步位、踏步位、点步位（前、旁、后）。

图 7-160

图 7-161

图 7-162

图 7-163

图 7-164

图 7-165

图 7-166

图 7-167

图 7-168

图 7-169

图 7-170

四、基本舞步

横垫步。垫以右脚为例，左小踏步准备。做动作时，右腿为动力腿，用其脚跟及脚的外缘碾步横走，左腿为主力腿，膝关节稍屈，大腿稍夹紧，左脚掌踏地随前脚走动方向平稳移动，保持身体重心平稳。横垫步速度可快可慢，一般一拍一步。

进退步。以右脚为例，正步准备。第一拍前半拍右脚向前上一步，勾脚脚跟落地，腿自然伸直。后半拍左脚原地踏一步。第二拍前半拍右脚后退一步，脚掌踩地、屈膝，后半拍左脚在原地踏一步。进退步的方向、顺序可根据舞蹈的需要而改变。男性做进退步一般是半蹲状态，以示幽默；女性做进退步一般是立半脚掌，显得格外轻盈。在做进退步过程中人的重心不要跟着前后移动保持在中间，要平稳、挺拔。

点步。正步或小八字准备。做动作时，主力腿膝关节随音乐节拍原地屈伸（或向任意方向上步）。同时，动力腿用脚掌或脚尖按音乐节拍有规律地点地，可以一拍一点或两拍一点。点地的位置可在主力腿前、旁、后、内侧或外侧，如前点步、后点步、旁点步、侧点步、跨点步等。主力腿与动力腿可交替变换做点步，也可以主力腿为轴进行点转。点步要做到节奏感强，注意身体的协调配合。维吾尔族民间舞常用的点步有旁点、前点、后点、点转等，做动作时要求身体挺拔。

三步一抬。以右脚为例，面向8点，右脚起半拍一步共走三步，第四步左脚掌挠地小腿后踢的同时主力腿颤，在平稳中产生一瞬间的顿踢动感，身体转向2点。然后左脚起步向2点方向走，动作相同，左右相反。三步一抬可直线、交叉上步和抬步转身做，走得要平稳而高雅。

错步。以右脚为例，第一拍前半拍右脚向前迈一步，脚掌落地重心前移。后半拍，左脚从右脚内侧上一步，脚掌落地，重心移至左脚。第二拍前半拍，右脚向前再上一步重心前移，脚掌落地，后半拍左脚离地准备前迈。然后左脚起步，动作同上，左右相反。

滑冲步。四拍完成。正步位，面向1点准备。预备拍，身体转向2点，右膝微颤一下，同时左小腿向后踢起。第一拍左脚向2点上蹭一步。第二拍右脚迈至4点，后半拍右脚落地，同时左脚略离地。第三拍身体转向8点，同时左脚用力，外侧落地，左膝略屈，右脚掌落地不动。第四拍左膝微颤一下，同时右小腿向后略抬，准备用相反的腿做。

踩移步。二拍完成。正步位，面向1点准备。预备拍，左膝微颤，右脚略抬离地。第一拍前半拍，右脚踩地正步位，双膝靠拢略屈。后半拍左脚向旁移一步，脚掌落地，双膝保持略屈。第二拍前半拍，右脚向左脚前迈一步，左脚掌落地不动。后半拍右膝微颤，左脚略抬至右脚踝旁，准备做左脚踩移。

五、开泛儿、手位组合

（一）组合音乐

"天山之春"选段

1=C　2/4　中速　平稳

（二）组合基本动作

基本舞步：点步（旁点、交换旁点、前点、点转踩移步）。

手臂基本动作：常用手位、弹指、翻转腕。

舞蹈基本动律练习：移颈。

（三）组合动作顺序

第一遍音乐：

预备拍（四拍）。右脚前点地，双手叉腰，面向1点，如图7-171所示。

（1）～（8）原地右脚一拍一次前点步，最后一拍左脚后点地。双手从叉腰位贴身体下晃手，经提裙位、双山膀位至双托位，如图7-172所示。

（9）～（10）左脚旁点地每拍一次，双手于双托位手指相搭，右手心向下，手指在上；左手心向上，手指在下。每拍交替转腕一次，变换掌心和手指的上下方向。

（11）～（15）舞姿不变，左脚旁点步每拍一次，从右顺时针方向点转一周，昂首眼看左斜下方。

（16）左脚前点地，双托掌位，左右移颈四次。

第二遍音乐：

（1）～（4）第一拍双手叉腰，右脚向8点上步。第二拍左脚旁点地，身体转向2点。然后原地每拍左脚旁点步一次，如图7-173、图7-174所示。

图7-171　　　　图7-172　　　　图7-173　　　　图7-174

（5）～（8）动作同（1）～（4），方向相反。

（9）～（12）第一拍双手叉腰右脚向8点上步。第二、第三拍左脚旁点地，右手叉腰。同时，左手从腰间平穿经体前向体左侧打开里挽花至山膀立位腕，然后舞姿不变，左脚原地每拍旁点步一次。

（13）～（16）动作基本同（9）～（12），方向相反，只是舞姿为双山膀位。

第三遍音乐：

（1）～（4）第一拍右脚向6点撤步，同时双臂由体侧向前端掌上举。第二、第三拍左脚旁点地，双手里挽花至右顺风旗位，然后舞姿不变。左脚原地每拍旁点步一次，如图7-175、图7-176所示。

（5）～（8）动作基本同（1）～（4），方向相反，舞姿为左托按掌。

（9）~（12）动作基本同（1）~（4），舞姿为左山膀按掌立腕位。

（13）~（16）动作基本同（5）~（8），舞姿为双按掌立腕位。

第四遍音乐：

（1）第一拍右脚起步原地踩步一次，同时右臂屈肘于头右侧，左臂于体侧下垂。第二拍左脚向左横移一步紧接右脚向左脚前上一步成左踏步，同时右臂向2点推送伸直，然后下落于体侧。脚步节奏：× × × |，如图7-177、图7-178所示。

图7-175　　　　　　图7-176　　　　　　图7-177　　　　　　图7-178

（2）动作同（1），方向相反。

（3）~（4）动作同（1）~（2）。

（5）~（8）第一拍双手叉腰右脚向1点上步。第二拍左脚旁点地，身体转向2点，右手叉腰，左手挽花成托帽位。第三至第八拍左脚每拍旁点步一次。

（9）~（12）动作同（1）~（4），左右相反。

（13）~（16）动作基本同（5）~（8），方向相反，舞姿为双手托帽位。

第五遍音乐：

（1）第一拍右脚向正后撤步，双腿稍屈膝，双手于胸前双按掌位立腕。第二拍左脚旁点地，双手胸前分掌为双山膀立腕位，身体向左侧靠移一次。

（2）第一拍左脚向正后撤步，双腿稍屈膝，双手于胸前双按掌位立腕。第二拍右脚旁点地，双手体前平穿经体侧向上撩掌为双托位。

（3）~（8）重复（1）~（2）动作三遍。

（9）~（10）右脚每拍前点步一次共做四次，双手由双托位手心相对经头两侧、胸前至双手叉腰。

（11）~（12）舞姿不变，原地移颈（每拍一次）。

（13）~（15）舞姿不变，右脚每拍旁点一次，由右自转一周。

(16)右脚向 1 点上一步，右手经胸前向上再向外单晃手，做单手扶胸礼，左臂体侧下垂结束。

思考与练习

一、思考

1. 形体韵律训练主要有哪些内容？

2. 健美操的特点是什么？它对形体训练有什么益处？

3. 中国古典舞的风格特点是什么？身韵的要素是什么？

4. 古典舞的基本手位和基本脚位有哪些？

5. 藏族民间舞的风格特点是什么？

6. 藏族民间舞的基本手位和基本脚位有哪些？

7. 蒙古族民间舞的风格特点是什么？

8. 蒙古族民间舞的基本手位和基本脚位有哪些？

9. 维吾尔族民间舞的风格特点是什么？

10. 维吾尔族民间舞的基本手位和基本脚位有哪些？

11. 舞蹈在形体训练中的作用有哪些？

二、创编练习

（一）

内容：健美操。

展现形式：小组表演创编的健美操。

目的：培养学生丰富的想象力和团结协作的精神，提高学生的创编能力、审美力和鉴赏力，并将所学的知识、技能加以创新，较好地运用到健美操创编的实践中，提高学生的音乐节奏感、身体的协调性和舞蹈表现力，促进身体全面均衡的发展。

设计步骤：

1. 学习、掌握健美操的基本动作方法。

2. 制定编排设计要求：

(1)选择音乐。时间为 4 分钟左右，节奏为 2/4 或 4/4 拍节奏感强的音乐。

(2)编排内容。以踏、迈步和跑跳步为主。

(3)每种步伐可编 3～4 节不同手臂形式的操，手臂位置要体现身体挺拔的形态。

(4)要有五种以上的队形变化和三种对比（高低、动静、聚散）的运用。

(5)分小组。小组多人共同参与创编健美操，6～8 人为宜（根据学生具体情况而定)。

　　(6)用文字记录组合。

　　3.分组创编。

　　4.数节拍完成全套健美操。

　　5.合音乐练习健美操。

　　6.小组展示各自创编的健美操,学生互评,教师点评。

(二)

内容:藏族民间舞。

展现形式:小组表演编排的藏族舞蹈。

目的:培养学生丰富的想象力和团结协作的精神,提高学生的创编能力、审美力和鉴赏力,培养对中华民族艺术热爱的情感,并将所学的知识、技能加以创新较好地运用到藏族舞蹈创编的实践中,达到塑造优美的形体、舒展的舞姿,形成高雅的气质和风度,丰富内涵,提高综合素质的目的。

设计步骤:

　　1.掌握藏族民间舞的韵律、基本动作。

　　2.制定编排设计要求。

　　(1)选择音乐。时间为4分30秒左右的藏族风格音乐。

　　(2)编排内容。以藏族民间舞的基本步伐和手位为主,在保持藏族民间舞风格特点的基础上,鼓励创编新动作。

　　(3)要有5种以上的队形变化和3种对比(高低、动静、聚散)的运用。

　　(4)分小组。小组多人共同参与创编藏族舞蹈,6~8人为宜(根据学生具体情况而定)。

　　(5)用文字记录组合。

　　3.分组创编。

　　4.数节拍完成舞蹈。

　　5.合音乐练习舞蹈。

　　6.小组展示创编的藏族舞蹈,学生互评,教师点评。

(三)

内容:蒙古族民间舞。

展现形式:小组表演编排的蒙古族舞蹈。

目的:培养学生丰富的想象力和团结协作的精神,提高学生的创编能力、审美力和鉴赏力,培养热爱中华民族艺术的情感,并将所学的知识、技能加以创新较好地运用到蒙古族舞蹈创编的实践中,达到塑造优美的形体、舒展的舞姿，形成高雅的气质和风度，丰富内涵，提升综合素质的目的。

设计步骤：

1. 掌握蒙古族民间舞的韵律、基本动作。

2. 制定编排设计要求：

(1)选择音乐。时间为 4 分 30 秒左右的蒙古族风格音乐。

(2)编排内容。以蒙古族舞蹈的基本步伐和手位为主，在保持蒙古族舞蹈风格特点的基础上，鼓励创编新动作。

(3)要有 6 种以上的队形变化和 3 种对比(高低、动静、聚散)的运用。

(4)分小组。小组多人共同参与创编蒙古族舞蹈，6～8 人为宜(根据学生具体情况而定)。

(5)用文字记录组合。

3. 分组创编。

4. 数节拍完成舞蹈。

5. 合音乐练习舞蹈。

6. 小组展示创编的蒙古族舞蹈，学生互评，教师点评。

(四)

内容：维吾尔族民间舞。

展现形式：小组表演编排的维吾尔族舞蹈。

目的：培养学生丰富的想象力和团结协作的精神，提高学生的创编能力、审美力和鉴赏力，培养热爱中华民族艺术的情感，并将所学的知识、技能加以创新较好地运用到维吾尔族舞蹈创编的实践中，达到塑造优美的形体、舒展的舞姿，形成高雅的气质和风度，丰富内涵，提高综合素质的目的。

设计步骤：

1. 掌握维吾尔族民间舞的韵律、基本动作。

2. 制定编排设计要求：

(1)选择音乐。时间为 4 分 30 秒左右的维吾尔族风格音乐。

(2)编排内容。以维吾尔族舞蹈的基本步伐和手位为主，在保持维吾尔族舞蹈风格特点的基础上，鼓励创编新动作。

(3)要有 6 种以上的队形变化设计，3 种对比(高低、动静、聚散)设计。

(4)分小组。小组多人共同参与创编维吾尔族舞蹈，6～8 人为宜(根据学生具体情况而定)。

(5)用文字记录组合。

3. 分组创编。

4. 数节拍完成舞蹈。

5. 合音乐练习舞蹈。

6. 小组展示创编的维吾尔族舞蹈，学生互评，教师点评。

第八单元

形体展示

　　本单元学习成品舞蹈，了解编舞的方法与技巧，激发创编兴趣和创新意识。学习几个典型成品舞，提高学生的形体表现能力和内在修养，使学生能够自如、生动地表演成品舞蹈，为就业面试时的特长展示做好准备。

第一课　健美操《舞动青春》

一、舞蹈音乐

（一）音乐素材

DJ 健美操音乐（03′34″）

1=♭E　2/4拍　中速、强劲地　　　　　　　　　　　　　　　　洪晓宇 记谱

（二）音乐曲式结构

A ＋ A ＋ B ＋ C ＋ A ＋ D（五遍） ＋ B
（4个8拍）（4个8拍）（4个8拍）（2个8拍）（4个8拍）（5个8拍）（4个8拍）

＋ C ＋ A ＋ A ＋ D（四遍） ＋ A'＋ 结尾A（三遍）
（2个8拍）（4个8拍） （4个8拍） （4个8拍） （4个8拍） （12个8拍）

二、舞蹈动作顺序

以曲式结构的先后顺序及各部分的节拍数记录。

准备姿态：双手持花，双臂体侧下垂，双脚并立，如图8-1所示。

1×8 双脚一拍一次起踵，双手体侧一拍一次抖花。

2×8 双脚一拍一次起踵，双手胸前一拍一次抖花。

3×8 双膝半蹲，右脚虚点，身体前倾对7点，左臂体侧屈肘与肩同高，右臂斜上举，造型，如图8-2所示。

4×8 右脚向7点迈步，双脚开立，身体转向5点，双臂胸前交叉后成斜上举。

1×8 身体转向1点，双脚原地一拍一次交替踏步，双臂交替前后摆臂，如图8-3所示。

2×8 动作同1×8。

图 8-1

图 8-2

图 8-3

3×8 第1～4拍，左脚开始向7点方向走四步，双臂交替前后摆臂。

第5拍，身体对8点，右脚向4点撤成弓箭步，双臂上举，如图8-4所示。

第6拍，右脚收回，双腿并立，双臂下垂。

第7～8拍，动作同第5～6拍。

4×8　动作同3×8，方向相反。

1×8　V字步两次。

第1～4拍，双臂前后摆臂。

第5～8拍，双臂上举，一拍一次抖花。

2×8　动作同1×8。

3×8　第1拍，左脚向7点迈步，双脚开立，双臂上举，如图8-5所示。

第2拍，右脚向左脚前交叉迈步，双臂体侧屈肘下拉，如图8-6所示。

图 8-4　　　　　　　　　图 8-5　　　　　　　　　图 8-6

第3拍，动作同第1拍。

第4拍，左腿后屈腿跳，双臂体侧屈肘下拉，头看3点斜下方，如图8-7所示。

第5～8拍，动作同第1～4拍，方向相反。

4×8　动作同3×8。

1×8　第1～2拍，迈步后点一次，双臂向左侧横摆，如图8-8所示。

第3～4拍，动作同第1～2拍，方向相反。

第5～8拍，双臂从左向右晃手一周，如图8-9～图8-12所示。第5拍左脚向左侧迈一步。第6拍右脚并步跳一次。第7拍左脚向左侧迈一步。第8拍右脚在左脚旁点地。

2×8　动作同1×8，方向相反。

1×8　第1～4拍，并步两次，向8点、2点迈步，双臂体侧屈肘下压两次，如图8-13所示。

图 8-7

图 8-8

图 8-9

图 8-10

图 8-11

图 8-12

第 5～8 拍，踏步后退，身体前倾，双臂下伸四次。

2×8 动作同 1×8。

3×8 迈步后点四次。

第 1 拍，双臂侧平举，如图 8-14 所示。

第 2 拍，双臂左侧下垂，如图 8-15 所示。

图 8-13

图 8-14

图 8-15

第 3～4 拍，动作同第 1～2 拍，方向相反。

第 5～8 拍，动作同第 1～4 拍。

4×8　动作同 3×8。

1×8　身体对 1 点，双脚原地一拍一次交替踏步，双臂交替前后摆臂。

2×8　动作同 1×8，踏步向前。

3×8　动作同 1×8，踏步后退。

4×8　双臂交替前后摆臂，身体转向 8 点。

第 1～3 拍，向 8 点踏步。

第 4 拍，脚跟前点地。

第 5～8 拍，动作同第 1～4 拍，向 4 点后退踏步，脚跟点地。

5×8　动作同 4×8，身体转向 2 点。

1×8　迈步旁点地四次，右、左臂依次上举，如图 8-16 所示。

2×8　步伐同上，右臂、左臂依次屈肘于胸前，如图 8-17 所示。

3×8　步伐同上，双臂上举，如图 8-18 所示。

图 8-16　　　　　　　　　　图 8-17　　　　　　　　　　图 8-18

4×8　步伐同上，一臂向后打开，另一臂向旁打开，如图 8-19 所示。

1×8　第 1～2 拍，迈步后点地一次，双臂向左侧横摆。

第 3～4 拍，动作同第 1～2 拍，方向相反。

第 5～8 拍，双臂由左向右双晃手一周。第 5 拍左脚向左侧迈一步。第 6 拍右脚并步跳一次。第 7 拍左脚向左侧迈一步。第 8 拍右脚在左脚旁点地。

2×8　动作同 1×8，方向相反。

1×8　迈步前点四次，双臂一拍一次上举，如图 8-20 所示。

2×8　转身对 5 点，动作同 1×8。

3×8　身体转向 1 点，迈步后屈腿四次。双臂体前一拍一次屈肘、直臂，如图 8-21 所示。

4×8　步伐同上。

　　　　第 1 拍，双臂侧平举屈肘，如图 8-22 所示。

　　　　第 2 拍，双臂上举，如图 8-23 所示。

　　　　第 3～4 拍，动作同第 1～2 拍，方向相反。

　　　　第 5～8 拍，动作同第 1～4 拍。

1×8　身体转向 3 点，头看 3 点。

　　　　第 1 拍，双膝半蹲，双手叉腰，如图 8-24 所示。

　图 8-19　　　　　　　　　　　图 8-20　　　　　　　　　　　图 8-21

　图 8-22　　　　　　　　　　　图 8-23　　　　　　　　　　　图 8-24

　　　　第 2 拍，左腿后抬，右膝伸直，如图 8-25 所示。

　　　　第 3～4 拍，动作同第 1～2 拍。

　　　　第 5 拍，双膝半蹲，左手叉腰，右臂胸前屈肘，如图 8-26 所示。

　　　　第 6 拍，左腿后抬，右膝伸直，右臂伸直，如图 8-27 所示。

　　　　第 7～8 拍，动作同第 5～6 拍。

2×8　身体转向 7 点，动作同 1×8，方向相反。

3×8　身体转向 1 点，迈步吸腿两次（从右脚上步开始）。

第1拍，双臂前平举，如图 8-28 所示。

第2拍，双臂向左侧摆，如图 8-29 所示。

第3拍，双臂前平举。

第4拍，双臂体侧下垂。

第5～8拍，动作同第1～4拍，方向相反。

图 8-25

图 8-26

图 8-27

图 8-28

图 8-29

4×8　步伐同上。

第1拍，双臂前平举。

第2拍，双臂屈肘于腰间握拳。

第3～4拍，动作同第1～2拍。

第5～8拍，动作同第1～4拍，方向相反。

1×8　身体对1点，双脚原地一拍一次交替踏步，双臂交替前后摆臂。

2×8　动作同1×8，踏步向前。

3×8　动作同1×8，踏步后退。

4×8　动作同1×8。

1×8　第1～4拍，双脚原地一拍一次并步跳。第1～2拍右手上举两次，左臂下垂，如图 8-30 所示。第 3～4 拍动作同第 1～2 拍，方向相反。

　　　　第 5～8 拍，动作同第 1～4 拍。

　2×8　步伐同上，双手头上拍手四次。

　3×8　第 1～4 拍，右脚前 V 字步一次。第 1 拍右手上举。第 2 拍左手上举。第 3 拍双手胸前交叉，如图 8-31～图 8-33 所示。第 4 拍双臂体侧下垂。

　　　　第 5～8 拍，右脚后 V 字步一次。第 5～7 拍身体前倾，抖肩三次。第 5 拍右手后举。第 6 拍左手后举。第 7 拍双臂后举，如图 8-34、图 8-35 所示。第 8 拍身体直立，双臂体侧下垂。

　4×8　动作同 3×8。

　　图 8-30　　　　　　　　　图 8-31　　　　　　　　　图 8-32

　　图 8-33　　　　　　　　　图 8-34　　　　　　　　　图 8-35

　1×8　第 1～4 拍，双脚原地一拍一次并步跳。第 1～2 拍右手上举两次，左臂下垂。第 3～4 拍动作同第 1～2 拍，方向相反。

　　　　第 5 拍，双脚开立，双臂头上交叉，如图 8-36 所示。

　　　　第 6 拍，双脚并立，双臂体侧下垂。

　　　　第 7～8 拍，动作同第 5～6 拍。

　2×8　双跳步四次（从右脚开始）。

第1～2拍，双手叉腰，头看7点，如图8-37所示。

第3～4拍，动作同第1～2拍，方向相反。

第5～6拍，左臂头上屈肘握拳，右臂侧下举，如图8-38所示。

第7～8拍，动作同第5～6拍，方向相反。

图 8-36　　　　　　　　　　图 8-37　　　　　　　　　　图 8-38

3×8　第1拍，右腿侧迈一步，双臂胸前交叉，如图8-39所示。

第2拍，侧摆右腿跳，双臂胸前交叉至左臂侧上举，右臂侧下举，如图8-40所示。

第3～4拍，动作同第1～2拍，方向相反。

第5～8拍，动作同第1～4拍。

4×8　双脚原地一拍一次并步跳，双手头上拍手四次。

5×8　第1～2拍，右脚向前V字。右臂、左臂依次上举。

第3～4拍，向左转体180°，同时击掌两次。

第5～6拍，动作同第1～2拍。

第7～8拍，向左转体180°，双手击掌，双臂下垂。

6×8　第1～4拍，左脚开始向7点方向走四步，双臂交替前后摆臂。

第5拍，身体对8点，右脚向4点撤成弓箭步，双臂上举。

第6拍，右脚收回，双腿并立，双臂下垂。

第7～8拍，动作同第5～6拍。

7×8　动作同6×8，方向相反。

8×8　向前弹踢腿跳四次（从右腿开始）。

第1～4拍，双手叉腰。

第5～6拍，左手前平举，右手侧平举，如图8-41所示。

第7～8拍，动作同第5～6拍，方向相反。

图 8-39　　　　　　　　　　　图 8-40　　　　　　　　　　　图 8-41

9×8　向旁弹踢腿跳四次。

　　　　第 1~4 拍，双手叉腰，如图 8-42、图 8-43 所示。

　　　　第 5~6 拍，左手前平举，右手侧平举，如图 8-44 所示。

　　　　第 7~8 拍，动作同第 5~6 拍，方向相反。

图 8-42　　　　　　　　　　　图 8-43　　　　　　　　　　　图 8-44

10×8　向后弹踢腿跳四次（从右脚开始）。

　　　　第 1~4 拍，双手叉腰，右、左腿各一次，如图 8-45、图 8-46 所示。

　　　　第 5~6 拍，双臂屈肘于胸前向后伸，如图 8-47、图 8-48 所示。

　　　　第 7~8 拍，动作同第 5~6 拍，方向相反。

11×8　第 1~4 拍，后踢步向前，双臂胸前屈肘直臂抖花四次。

　　　　第 5 拍，双脚开立，双臂斜上举，如图 8-49 所示。

　　　　第 6 拍，双脚并立，双臂"胸前"屈肘，如图 8-50 所示。

　　　　第 7~8 拍，动作同第 5~6 拍。

12×8　第 1~6 拍，动作同 11×8 的第 1~6 拍，后踢步后退。

　　　　第 7 拍，双脚开立，双臂下垂。

　　　　第 8 拍，左脚后撤成小踏步，双臂上举，身体转向 8 点，目视 1 点，造型结束，如图 8-51 所示。

图 8-45　　　　　　图 8-46　　　　　　图 8-47

图 8-48　　　　　图 8-49　　　　　图 8-50　　　　　图 8-51

第二课　芭蕾舞《深深的海洋》片段

一、舞蹈音乐

深深的海洋

1=D　3/4　　　　　　　　　　　　　　　　　　　　　南斯拉夫民歌

（乐谱略）

二、舞蹈动作顺序

准备姿态：五位脚，左脚在后，双手芭蕾一位。

第一遍音乐：

弱起拍：五位半蹲。

（1）第 1 拍双膝绷直，左脚旁擦地（离地）后左腿落地，右脚立半脚尖，手由七位到六位。第 2 拍左脚落地，右脚撤到左脚后踏步半蹲位，手六位，如图 8-52 所示。第 3 拍，左脚原地踏步一次，姿态不变。

（2）动作同（1），方向相反。

（3）～（4）动作同（1）～（2）。

（5）步伐同上，手由七位到左手三位，右手一位，目视 8 点斜上方，如图 8-53 所示。

图 8-52　　　　　　　　　图 8-53　　　　　　　　　图 8-54

（6）动作同（5），方向相反。

（7）～（8）动作同（5）～（6）。

（9）第 1 拍左脚向旁擦地，七位手，如图 8-54 所示。第 2、第 3 拍右脚向左脚旁迈步并脚立半脚尖从左转一周面向 1 点，成五位脚，手由七位、一位、二位上至三位，对 1 点，如图 8-55 所示。

（10）姿态不变，五位立半脚尖。

（11）五位半蹲，七位手，如图 8-56 所示。

（12）直立，手由七位收一位，如图 8-57 所示。

（13）～（16）动作同（9）～（12），方向相反。

图 8-55	图 8-56	图 8-57

第二遍音乐：

弱起拍：五位半蹲，一位手姿态。

（1）中跳五位变二位，面对 1 点，手由一位到二位打开至七位。

（2）二位变五位（右脚在前），身体对 8 点，手由七位收一位。

（3）动作同（1）。

（4）动作同（2），身体对 2 点，五位（左脚在前）。

（5）～（8）动作同（1）～（4）。

（9）～（10）左脚开始走步（一拍一步）从左转一周面对 1 点，小七位手心向上。

（11）五位右旁吸腿从右顺时针方向转一周面对 1 点，手由七位收一位。

（12）右脚向 6 点撤步，左腿屈膝右腿直，重心在左腿上，身体前倾对 2 点，双手小七位。

（13）～（14）动作同（9）～（10），方向相反，如图 8-58 所示。

（15）动作同（11），方向相反，如图 8-59 所示。

图 8-58	图 8-59

(16)动作同(12)，方向相反，如图8-60所示。

行礼结束：第1、第2拍左脚向7点迈步，重心移向左腿，右脚旁点，手小七位，目视1点斜上方。第3、第4拍右脚后撤点地，低头致意，如图8-61、图8-62所示。

图8-60　　　　　　　　图8-61　　　　　　　　图8-62

第三课　古典舞《红梅赞》

一、舞蹈音乐

红 梅 赞

歌剧《江姐》选曲

阎　肃　词
羊鸣　姜春阳　金砂　曲

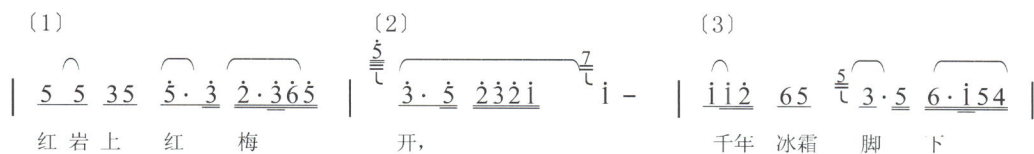

红岩上 红 梅 开，　　　　千年 冰霜 脚 下

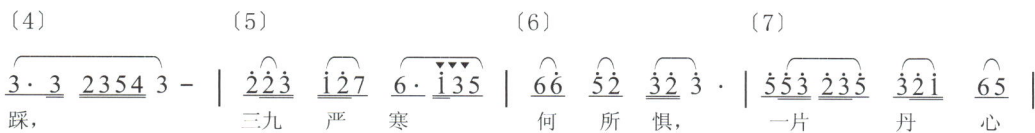

踩，　　三九 严寒　何 所惧，　一片 丹 心

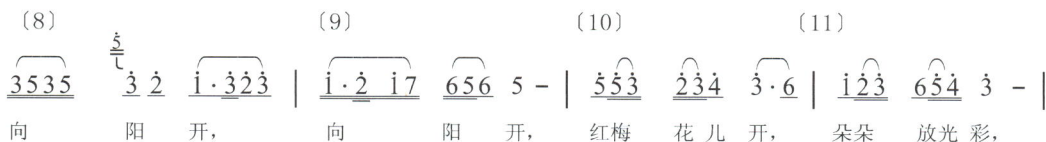

向 阳 开，　向 阳 开，红梅 花儿开，朵朵 放光彩，

〔12〕 ２１２ ３５ ３２１ ６５ | 〔13〕 ３５６ ５４３ ２ - | 〔14〕 ３３ ２３２ １０２７６ | 〔15〕 ５·６３５ ２３７ ６５６ · |

昂首　怒放　花万朵，　香飘　云天外，　唤醒百　花　齐　开　放，

〔16〕 ５５３ ２３ ５ ３２１ ６５ | 〔17〕 ４·３ ２ ５３２ | １·３５ | 〔18〕 ２７ ６５６３ ５ - ‖

高歌　　欢庆新　春　　来，　新春　来。

二、舞蹈动作顺序

前奏：顺风旗手位，圆场步从台左侧出场。龙摆尾后，至舞台中心，身体对 2 点，左丁字步，双手背后，目视 1 点，如图 8-63 所示。

(1)第 1 拍前半拍，右脚起踵，左脚绷脚离地，左手胯旁按掌，右手胸前按掌位提腕。第 1 拍后半拍～第 2 拍，左脚落地，双手胸前上下抹手，右手胯旁按掌，左手臂圆弧形与肩同高，掌心向里，目视 8 点斜上方，宛如看悬崖峭壁上含苞欲放的梅花，如图 8-64 所示。第 3、第 4 拍左脚勾脚向 8 点迈步，如图 8-65 所示，双脚磋步一次，身体对 2 点，双手由左向右晃手一周，眼随手动后看 8 点。

图 8-63　　　　　　　图 8-64　　　　　　　图 8-65

(2)第 1、第 2 拍姿态不变，左脚向 2 点迈步，右脚绷脚后抬，双手在山膀按掌位摊掌，如图 8-66 所示。第 3、第 4 拍腿上姿态不变，双臂位置保持不变，第 3 拍双手向里做绕腕动作，眼神转向 2 点。第 4 拍绕腕一周后变双手立腕，眼神转向 8 点，如图 8-67 所示。

(3)第 1 拍前半拍，右脚向 2 点迈步，左脚后撤成小踏步，身体转向 8 点。双臂由胸前拉开呈双山膀位，眼神看 2 点。第 1 拍后半拍～第 2 拍，保持姿态

不变，如图 8-68 所示。第 3 拍前半拍，左脚向 1 点迈步，双膝半蹲，双手（右手在上，左手在下）平抹，如图 8-69 所示。第 3 拍后半拍，左脚掌抬起向 3 点转。双手平抹向旁微打开。第 4 拍前半拍，右脚掌抬起向 5 点转，身体转向 5 点，双手变（左手在上，右手在下）平抹。第 4 拍后半拍，继续捻转后成左脚小踏步，身体对 8 点，双手抹手后左手至胯旁按掌，右手至 2 点斜下方摊掌，眼神看 2 点斜下方，用右旁腰，如图 8-70 所示。

图 8-66　　　　　　　　　　图 8-67　　　　　　　　　　图 8-68

图 8-69　　　　　　　　　　图 8-70

　　（4）第 1、第 2 拍右脚向 2 点勾脚迈步，如图 8-71 所示，左脚磋步一次，双臂由右向左晃手一周。第 3 拍身体对 8 点，左脚后撤成小踏步，双手剑指在胸前相对（右上左下），如图 8-72 所示。第 4 拍踏步蹲，右手剑指向 2 点下方冲出，手臂圆弧形手心向外，左手剑指在左侧腰间，手心向上，眼看右手，如图 8-73 所示。

图 8-71   图 8-72   图 8-73

（5）第1、第2拍直立小碎步向6点撤步，双手抡臂一周，如图8-74所示。第3拍右腿屈膝，重心在右腿上。左脚直膝脚尖向8点迈步。身体右倾对2点，双臂伸向4点斜下方，眼神看4点。第4拍右脚向左脚后撤步成小踏步蹲位，双臂由4点向8点晃手，如图8-75所示。

（6）第1、第2拍小踏步位顺时针蹲转一周，身体保持含的状态，双手体侧呈圆弧形，如图8-76所示。第3拍身体直立转向2点，右手胸前外盘手。第4拍左脚向2点迈步成大踏步，左手向6点斜上方伸出，右手胸前按掌，如图8-77所示。

图 8-74   图 8-75   图 8-76

（7）第1拍前半拍，身体对1点含，左手上、右手下胸前"抱球"，右腿在左腿后开胯吸腿，如图8-78所示。第1拍后半拍～第2拍，小碎步向5点后退，右掏手一次，如图8-79所示。第3、第4拍小碎步向5点后退，左掏手一次。

（8）小碎步向5点后退，右、左各掏手一次。

（9）第1拍前半拍，右脚向左脚前迈步，左腿由7点起步向3点骗腿儿。

双手两旁撩手后腹前交叉按掌，如图 8-80、图 8-81 所示。第 1 拍后半拍～第 2 拍，从右蹲转 1 周，身体含。第 3、第 4 拍身体直立，顺风旗位（右手高），原地小碎步逆时针方向转 2～3 圈。

（10）第 1、第 2 拍小碎步向 3 点横移，双手胸前由下向上分手。第 3、第 4 拍左脚向 4 点撤步成大踏步位。身体前倾，左手斜扬掌位，右手山膀位摊掌，眼神看 2 点斜上方，如图 8-82 所示。

图 8-77

图 8-78

图 8-79

图 8-80

图 8-81

图 8-82

（11）动作同（10），方向相反。

（12）第 1 拍身体对 1 点，左丁字位半蹲、起踵各一次，半蹲时双手提裙位，起踵时右手胸前握拳，如图 8-83 所示。第 2 拍动作同第 1 拍，起踵时右手顺风旗位，如图 8-84 所示。第 3 拍前半拍左脚原地跳一步，右腿直膝绷脚从 2 点抬起划向 8 点，双臂从左向右晃手，如图 8-85 所示。第 4 拍右脚落地圆场步逆时针方向转一周，晃手后顺势身体含，双臂体侧圆弧形至叉腰位直立。

（13）第 1、第 2 拍左脚向 6 点迈步，双膝半蹲，双手胸前交叉，手心向里。第 3、第 4 拍重心移向左腿，左膝屈右膝直，左旁提，双臂由下向两旁撩手，左高右低，如图 8-86 所示。

（14）第 1 拍右脚向 4 点迈步，右手腰间盘蜿。第 2 拍左腿前吸，右手向 4 点斜上方撩起，左手胸前按掌，身体对 2 点，眼神看 1 点，如图 8-87 所示。第 3 拍左腿直膝绷脚背从 2 点抬起向 7 点画圆弧，双手 3 点上方开始小五花，如图 8-88 所示。第 4 拍左脚落地成左弓箭步，双手小五花到 7 点上方，如图 8-89 所示。

图 8-83　　　　　　　　图 8-84　　　　　　　　图 8-85

图 8-86　　　　　　　　图 8-87　　　　　　　　图 8-88

（15）第 1、第 2 拍由左弓箭步经半蹲移重心成右弓箭步，小五花由 7 点上方位到 7 点下方，再到 3 点下方，最后到 3 点上方，画一个完整的立圆，如图 8-90 所示。第 3、第 4 拍踏地翻身两次，如图 8-91 所示。

（16）第 1 拍前半拍，身体对 1 点，双脚蹦跳步一次，双手胸前交叉，手心向里。第 1 拍后半拍双起单落一次，右小腿绷脚后抬，身体转向 2 点，双臂下分手后成右顺风旗位，如图 8-92 所示。第 2 拍动作同第 1 拍，方向相反。第 3、第 4 拍小碎步向 4 点后退，双手抡臂。

图 8-89

图 8-90

图 8-91

图 8-92

图 8-93

图 8-94

图 8-95

（17）第 1 拍身体对 8 点，左脚原地踏步一次，左手盖掌，右手右旁腰间掏手。第 2～第 4 拍，左脚向 8 点虚点步，右腿半蹲。左手按掌至胯旁，右手由胸前向 4 点穿指。身体后倾，眼神看右手，如图 8-93 所示。

（18）第 1、第 2 拍右手腰间向里盉蜿一周，身体内含，双脚从左向后捻转，如图 8-94 所示。第 3 拍身体捻转对 2 点，成右脚小踏步，双手由下向上分手。第 4 拍左腿半蹲，右腿后抬，双手射燕位，手心向上，造型结束，如图 8-95 所示。

第四课　藏族舞蹈《走进西藏》

一、舞蹈音乐

走进西藏

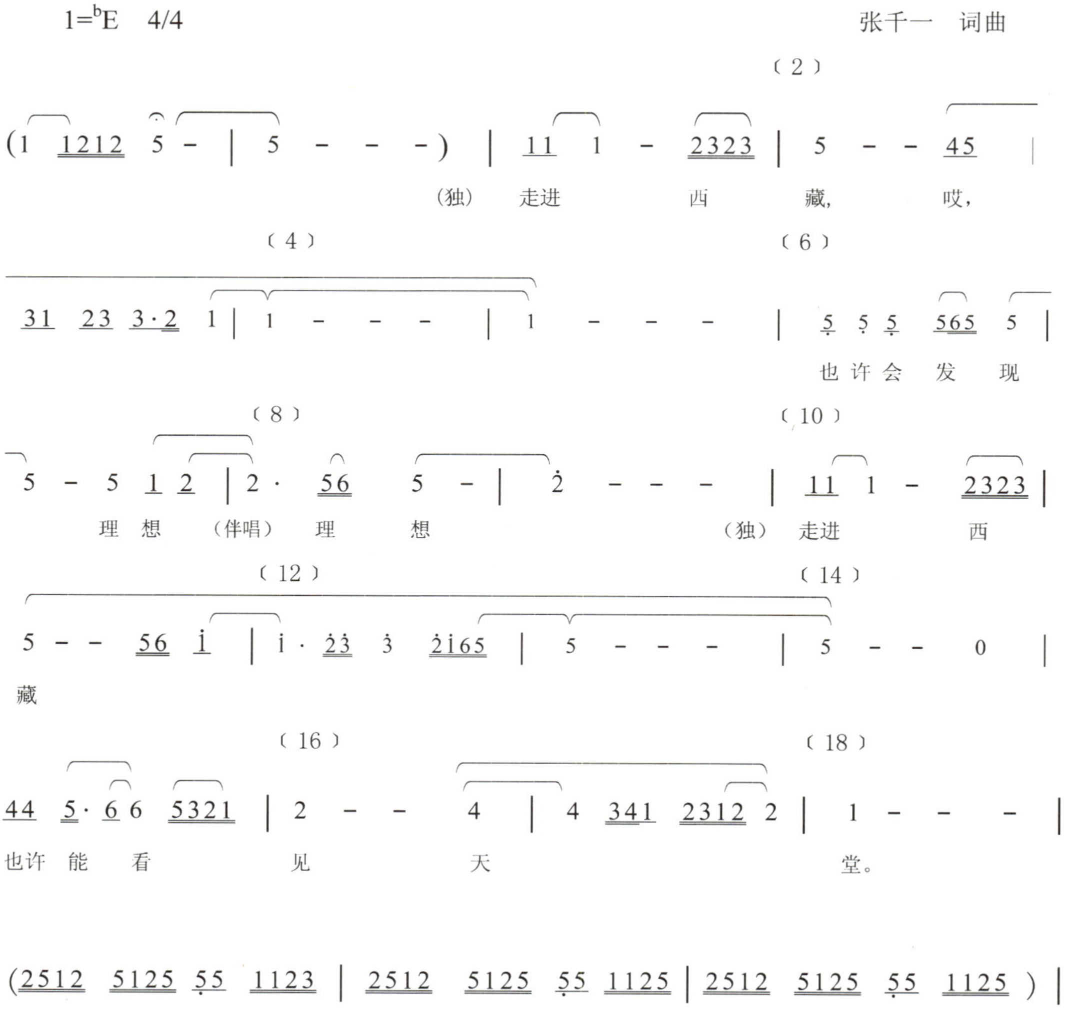

1=♭E　4/4　　　　　　　　　　　　　　　　　　张千一　词曲

（独）走进　西藏，哎，

也许会发现

理想　（伴唱）理　想　　（独）走进　西

藏

也许能看　　　见　　天　　　　堂。

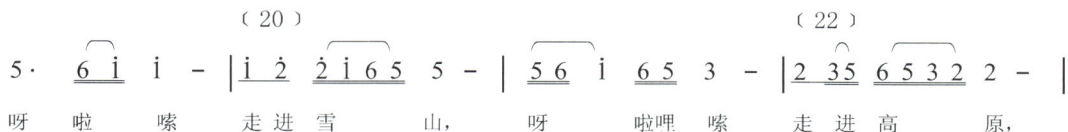

（20）

5·　6 1 1 － | 1 2 2 1 6 5 5 － | 5 6 1 6 5 3 － | 2 3 5 6 5 3 2 2 － |

呀　啦　嗦　走进雪　　山，　呀　啦哩　嗦　走进高　原，

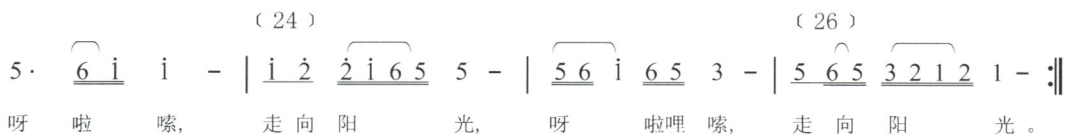

（24）　　　　　　　　　　　　　　　　　　　　　　（26）

5·　6 1 1 － | 1 2 2 1 6 5 5 － | 5 6 1 6 5 3 － | 5 6 5 3 2 1 2 1 － :|

呀　啦　嗦，　走向阳　　光，　呀　啦哩嗦，　走向阳　　光。

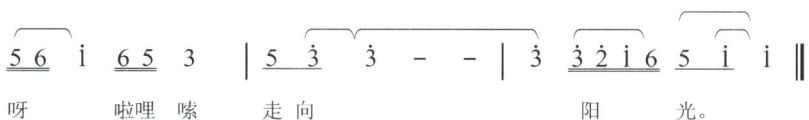

5 6 1 6 5 3 | 5 3 3 － － | 3 3 2 1 6 5 1 1 ‖

呀　啦哩嗦　走向　　　　　阳　光。

二、舞蹈动作顺序

前奏：4点候场

（1）～（5）三步一撩（半拍一步，从左脚开始）走向8点，身体后仰，左手高右手低，如图8-96所示。

（6）～（9）左脚起步一拍一次平步从左逆时针方向转一圈面向1点，双手体前交叉向两旁打开至单背巾，如图8-97、图8-98所示。

图8-96　　　　　　　　　　图8-97　　　　　　　　　　图8-98

（10）～（13）单靠（从左脚开始），两拍完成一次。双臂向前抛袖后右手胸前按掌，左臂体侧自然打开，如图8-99、图8-100所示。

（14）连靠三次，停一拍。

（15）～（18）做长靠两次，先左后右，如图8-101、图8-102所示。

图 8-99

图 8-100

图 8-101

图 8-102

间奏：退踏步两拍一次，同时双臂交替前后摆袖，如图 8-103、图 8-104 所示。

（19）左右脚交替向旁迈步（左脚起步），双臂体侧上下交替摆袖。第 4 拍左脚跳步，右腿屈膝抬起，右臂单甩袖，左臂体侧，身体转向 8 点，如图 8-105、图 8-106 所示。

图 8-103

图 8-104

图 8-105

（20）动作同（19），方向相反。

（21）～（22）动作同（19）～（20）。

（23）～（24）平步一拍一步左右脚交替向前，双臂体前交替掏甩袖，身体前倾，如图 8-107 所示。

（25）第 1 拍拖步向 6 点后退，双臂向左侧甩袖。第 2 拍动作同第 1 拍，方向相反。第 3 拍同第 1 拍。第 4 拍右脚原地跺步一次，同时双臂由右向左甩袖。

（26）动作同（25），方向相反。

图 8-106　　　　　　　　　　　　　图 8-107

（19）～（20）三步一撩走向 8 点，单背巾，身体后仰，如图 8-108 所示。

（21）～（22）左右脚交替平步一拍一次向 8 点迈步从左逆时针方向转一圈，双臂上分手下至体侧。

（23）～（24）左脚连靠四次，双臂体前交叉、打开两次，如图 8-109、图 8-110 所示。

图 8-108　　　　　　　　图 8-109　　　　　　　　图 8-110

（25）左脚拖步向前，双臂左右摆袖至左手低、右手高。

（26）动作同（25），方向相反，如图 8-111、图 8-112 所示。

（27）动作同（25）。

（28）～（29）三步一撩两次，顺时针方向转一圈，双臂上举慢慢至单背巾，如图 8-113、图 8-114 所示。

图 8-111　　　　　　　　　　图 8-112　　　　　　　　　　图 8-113

（19）迈步撩腿 2 次。第 1 拍左脚向前迈步，右臂由前向上举，左臂体侧垂袖。第 2 拍左腿屈伸，右腿向前撩起，左臂向前甩袖，右臂向后斜上方甩袖，身体前倾，如图 8-115 所示。第 3、第 4 拍动作同第 1、第 2 拍，方向相反。

（20）动作同（19）。

（21）～（22）动作同（19）～（20），向后迈步。

（23）第 1 拍左脚向 3 点迈步，身体转向 5 点，左臂旁展，右臂向右甩袖。第 2 拍右脚后撤成大踏步位，右臂收至单背巾，身体右倾，如图 8-116 所示。第 3、第 4 拍静止。

图 8-114　　　　　　　　　　图 8-115　　　　　　　　　　图 8-116

（24）保持姿态，以左腿为重心右脚顺时针方向点转 180°。

（25）～（26）三步一撩四次先左后右，双臂晃画圆肩的感觉，撩腿时，双手上抛袖，如图 8-117 所示。

（19）～（20）平步一拍一步左右脚交替后退，右、左臂体前交替屈肘甩袖，身体后倾，如图 8-118 所示。

　　（21）第 1 拍右、左脚交替向 5 点迈步顺时针方向转一圈，第 2 拍，胯向 4 点方位靠，右脚向 8 点方位虚点后拖。双臂头上绕袖后向 8 点甩袖。第 3、第 4 拍动作同第 1、第 2 拍。

　　（22）动作同（21）。

　　（23）～（24）平步一拍一步走向 3 点，身体后仰，左手高右手低。最后两拍，造型结束。

图 8-117　　　　　　　　　　　　　　图 8-118

第五课　蒙古族舞蹈《美丽的草原我的家》

一、舞蹈音乐

美丽的草原我的家

火　华　词
阿拉腾奥勒　曲

1=F　2/4　　中速　赞美地

（4）　　　　　　　　　　　　　　　　（8）

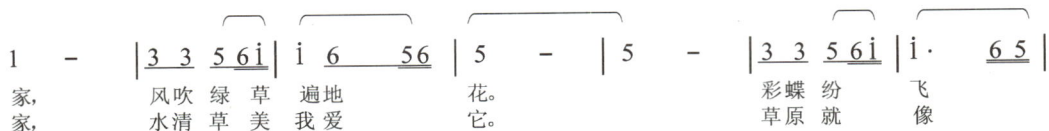

1 - | 3 3 5 6 i̅ | i̅ 6　56 | 5 - | 5 - | 3 3 5 6 i̅ | i̅· 65 |

家，　　风吹 绿草 遍地　　花。　　　　　　　彩蝶 纷　飞

家，　　水清 草美 我爱　　它。　　　　　　　草原 就　像

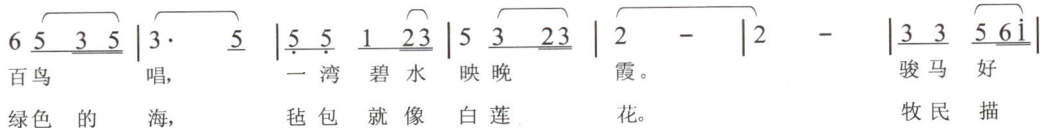

（12）

6 5 3 5 | 3·　5 | 5̣ 5̣ 1 23 | 5 3 23 | 2 - | 2 - | 3 3 5 6 i̅ |

百鸟　　唱，　一湾 碧水 映晚　　霞。　　　　　骏马 好

绿色 的　海，　毡包 就像 白莲　　花。　　　　　牧民 描

（18）　　　　　　　　（20）　　　　　　　　　（22）　　　　　　　　　　（24）

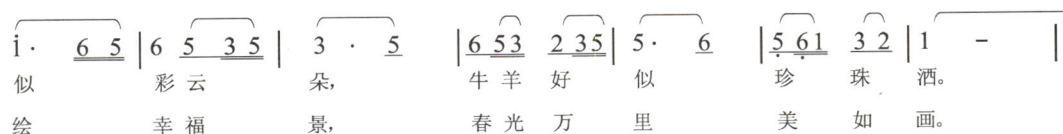

i̅·　65 | 6 5 3 5 | 3·　5 | 6 5̣ 3　2 35 | 5·　6 | 5̣ 6̣ i̅　3 2 | 1 - |

似　　彩云　朵，　牛羊 好　似　珍珠 洒。

绘　　幸福　景，　春光 万　里　美 如 画。

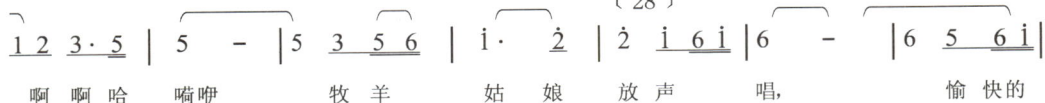

1 2 3·5 | 5 - | 5 3 56 | i̅·　2̇ | 2̇ i̅ 6 i̅ | 6 - | 6 5 6̇ |

啊啊哈 嗬咿　牧羊　姑娘　放声　唱，　愉快的

（32）

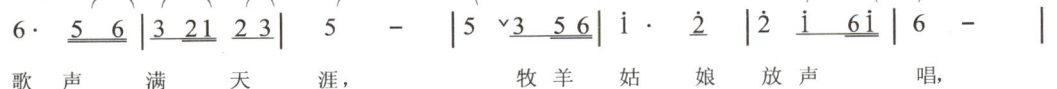

6·　5 6 | 3 21 23 | 5 - | 5 ⌄3 56 | i̅·　2̇ | 2̇ i̅ 6 i̅ | 6 - |

歌声 满 天 涯，　　　牧羊 姑 娘 放声 唱，

（42）

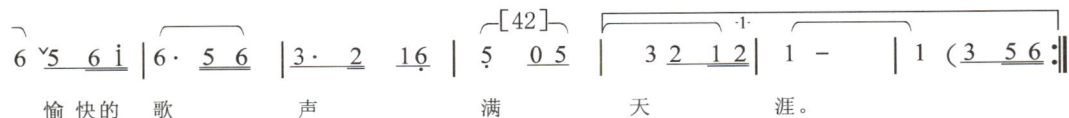

6 ⌄5 6̇ | 6·　5 6 | 3·　2　16̣ | 5̣　05 | 3 2 12 | 1 - | 1 （3 56 :‖

愉快的 歌　声　满　天　涯。

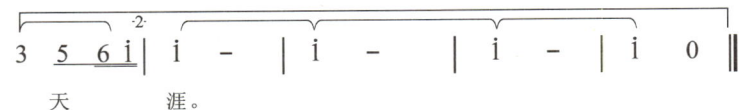

3 5 6 i̅ | i̅ - | i̅ - | i̅ - | i̅ 0 ‖

天　涯。

二、舞蹈动作顺序

　　前奏：从 6 点出场，柔臂圆场步逆时针方向绕场一周至舞台中心点，左脚小踏步，双手叉腰（七位），面向 1 点。

　　第一遍音乐：

（1）～（2）左脚向1点迈步后双腿屈膝，由半蹲慢慢直起，右臂于四位左臂于二位交替提压腕，如图8-119～图8-121所示。

图 8-119

图 8-120

图 8-121

（3）～（4）动作同（1）～（2），方向相反。

（5）～（8）动作同（1）～（4）。

（9）～（16）柔臂后退，左右脚交替向5点后撤迈步，双腿由屈膝到直立，节奏同上。

（17）～（18）左脚向2点迈步成踏步位半蹲，双手叉腰一拍一次柔肩。

（19）～（20）重心后移至右腿上，左脚虚点，左手三位，右手四位一拍一次柔臂。

（21）～（24）动作同（17）～（20），方向相反。

（25）～（27）左脚向1点迈步成右脚小踏步，双手由两侧撩手经四位下至叉腰位，仰望辽阔的大草原。

（28）第1拍左脚向左侧迈步，双臂体前提压腕一次，如图8-122所示。第2拍右脚向6点撤步成小踏步，身体转向2点方位。左臂三位右臂四位提压腕一次，如图8-123所示。

图 8-122

图 8-123

（29）动作同（28），方向相反。

（30）～（31）从左逆时针方向踏步蹲转一圈，面向1点，硬肩八次。

（32）～（35）动作同（28）～（31），方向相反。

（36）～（37）右脚起平步，前进四步，双臂右左交替向外翻转腕，一只手向里，另一只手向外，翻转腕成手心向外，交换手，方向相反四次。

（38）～（39）右脚撤步成小踏步，同时双臂五位于胯旁交替提压腕四次。

（40）～（42）平步走六步向左转一圈，双手四位横腕一拍一次摆动。

（43）～（45）左脚向2点上步成小踏步，双臂体前交叉上分手后左臂三位，右臂四位上提腕。

第二遍音乐：

学生创编完成第二段舞蹈，教师个别指导。

结束句：原地蹲、立、转后成四位，如图8-124～图8-126所示。

图8-124

图8-125

图8-126

第六课　维吾尔族舞蹈《大阪城的姑娘》

一、舞蹈音乐

马车夫之歌

维吾尔族民歌
王洛宾　改编

1=F　2/4

（2）　　　　　　　　　　（4）　　　　　　　　　（6）

6666　1·1 | 2321　16 | 661　231 | 2·1　6 | 3332　3·6 | 3532　16 |
大阪城的　石路　硬又　平呀，　西瓜呀　大又　甜　呀，　大阪城的　姑娘　辫子　长呀

（8）
6123　17 ｜ 6　－ ｜
两只眼睛　真漂　亮，

（10）
6665　6 ｜ 6165　53 ｜ 5535　654 ｜ 3　－ ｜
如果你要　嫁人　不要嫁给　别人　一定要嫁给　我，

3456　543 ｜
带着你的　妹妹

（14）
5432　11 ｜ 231　2317 ｜ 6　－ ‖
带着你的　嫁妆　赶着那　马车　来。

二、舞蹈动作顺序

第一遍音乐：

前奏：

（13）～（14）小碎步提裙从4点跑向舞台中心，最后一拍双手头上击掌抱拳同时双腿屈膝后右脚踏步后直立，左脚小踏步位，如图8-127、图8-128所示。

（15）～（16）第1、第2拍右脚后撤右膝跪地，左手山膀位立腕，右臂体前立腕，如图8-129所示。第3、第4拍移颈。

图8-127　　　　　　　　图8-128　　　　　　　　图8-129

（1）转身向5点（半拍一步）走步向前，双手由身后交叉后向上抬起。半拍一次右左动胯，重拍在左脚，如图8-130所示。

（2）步伐、动律同（1），双臂体侧伸直，五指分开，手背对观众。

（3）右垫步原地半蹲，左手向5点上方伸臂，手心向下，右臂屈肘与肩同高，向1点方位拉到最大限度，上身从5点拧向7点，目视1点。

（4）动作同（3），方向相反。

（5）转身对1点，步法同（1），左手在头左旁立掌，右手从右胯旁掏手到右上方端掌，如图8-131、图8-132、图8-133所示。

（6）动作同（5）。

图 8-130

图 8-131

图 8-132

图 8-133

图 8-134

（7）右脚向旁迈步，右手托掌，左手右旁腰处按掌，如图 8-134 所示。

（8）第 1 拍重心左移，右脚向左脚旁并步半蹲，从左逆时针方向转一周。双手腰间端掌由前向后盘手，如图 8-135 所示。第 2 拍右脚并步前吸腿，双脚立半脚尖，双手头上击掌抱拳。身体对 2 点，眼神看 1 点。

（9）～（12）动作同（5）～（8）。

图 8-135

图 8-136

图 8-137

（13）第 1 拍左脚向前迈步，双膝半蹲，重心在两脚之间。右手脸左旁立腕，左手山膀位立腕，如图 8-136 所示。第 2 拍右脚旁点，右手拉至脸右侧下颚处提腕，左手斜上方提腕，下右旁腰，眼神看 3 点斜下方，如图 8-137 所示。

（14）动作同（13），方向相反。

（15）第 1 拍身体转向 2 点，右脚原地踏步一次，双手胸前横击掌后左手叉腰，右手搭在左肩上。第 2 拍控制姿态，如图 8-138 所示。

（16）第 1 拍身体对 2 点，左脚向 6 点撤步，右手向 4 点方向平摊手。第 2 拍右脚向左脚后撤步成小踏步，右手绕腕后成山膀立腕，眼神看 1 点，如图 8-139所示。

图 8-138

图 8-139

第二遍音乐：

（1）～（4）右脚起步，三步一抬走之字形，同时双手端掌挽花成顺风旗位。

（5）第 1 拍右脚向 1 点迈步成踏步半蹲，身体前倾，双臂体前交叉，手心向上。第 2 拍左脚旁点，双臂分掌挽花成托帽位。

（6）托帽位舞姿不变，左脚旁点地，每拍一次微颤动律。

（7）～（8）舞姿不变，左脚旁点顺时针方向点转一周，面向 1 点。

（9）～（10）横垫步向 7 点走四步，同时左臂山膀立腕，右手单锁链四次。

（11）～（12）横垫步向 3 点走四步，同时双手手指交叉，做双锁链四次。

（13）第 1 拍右脚起步原地跺步一次，同时右臂屈肘于头右侧，左臂于体侧下垂。第 2 拍左脚向左横移一步紧接右脚向左脚前上一步成左踏步，同时右臂向 2 点推送伸直，然后下落于体侧。脚步节奏：╳　╳╳｜，亦叫跺移步。

（14）动作同（13），方向相反。

（15）右脚小踏步位，身体对 1 点，双手脸前平搭手，移颈四次，如图 8-140 所示。

（16）第 1 拍左脚向 8 点上步，右脚虚点。双手胸前击掌，如图 8-141 所示。第 2 拍手打开斜扬掌位，眼神看 1 点，图 8-142 所示。

结束句：行礼，如图 8-143～图 8-145 所示。

图 8-140   图 8-141   图 8-142

图 8-143   图 8-144   图 8-145

第七课 傣族舞蹈《傣家情》

一、舞蹈音乐

有一个美丽的地方

1=♭B 3/4

杨菲 词曲

```
┌─1─┐ ┌─────2─────
6 - - :‖ 6·2  35 | 6 65 | 32 | 5 - 5 | 52  35 | i - 6 | 5 3 5 |
香。      凰，啊   好像那 百 鸟   啊朝 凤 凰   呦朝  凤
```

```
6 - - ‖
凰。
```

二、舞蹈动作顺序

前奏：双膝跪地，合抱翅，身体重心每三拍起伏一次。

第一遍音乐：

(1)双臂屈肘于腰间，双手屈掌。身体重心上下起伏一次。

(2)右臂下穿手至右低展翅，身体起伏同上，如图 8-146 所示。

(3)动作同(1)，手变屈掌。

(4)动作同(2)，方向相反。

(5)姿态不变，身体重心上下起伏一次。

(6)动作同(3)。

(7)双臂从两侧撩手至双托位，身体对 8 点，如图 8-147 所示。

(8)动作同(1)。

(9)高合抱翅位(右手高左手低)，左小腿抬起。身体对 2 点，如图 8-148 所示。

(10)姿态不变，身体重心上下起伏一次。

图 8-146　　　　　　图 8-147　　　　　　图 8-148

(11)左脚上步成踏步蹲，低展翅位，如图 8-149 所示。

(12)姿态不变，身体直立，右点丁字步。

(13)～(14)舞姿不变，以左脚为轴右脚逆时针方向点转一周，面向1点。

(15)前一拍半，左脚向3点平步一次，身体对3点，双手做推手屈掌（左手于左胯侧，右手于山膀位），如图8-150所示。后一拍半，右脚向右旁上步成右点丁字位，身体转向1点，双手翻腕成立式掌低展翅，如图8-151所示，身体与胯随平步左右崴动。

(16)～(17)反复做(15)的动作。

(18)双手从右向左晃手一周至左手托式掌高展翅，右脚平步后成左点丁字步，如图8-152所示。

(19)～(22)动作同(15)～(18)，方向相反。

(23)～(26)平步转向5点，一拍半一步共走七步，如图8-153、图8-154所示。双臂提腕交替高展翅，最后一拍半转向1点踏步位，左手胯旁按掌，右臂屈掌伸向斜上方，身体对8点，头看2点斜上方，如图8-155所示。

图 8-149

图 8-150

图 8-151

图 8-152

图 8-153

图 8-154

图 8-155

图 8-156

（27）左脚向左旁迈步，胯向左崴动，双臂屈肘屈掌由胸前向两侧拉开，如图 8-156 所示。

（28）前一拍半姿态不变，胯向右崴动一次。后一拍半重心移向左脚，胯向左崴动，右脚后抬，胸前对腕，身体转向 8 点，如图 8-157 所示。

（29）动作同（27），方向相反。

（30）左脚之字步，高合抱翅，面向 1 点，如图 8-158 所示。

（31）姿态不变，身体重心上下起伏。

（32）左脚向左旁迈步，胯向左崴动，左手爪形斜下方推出，右手胯旁按掌，如图 8-159 所示。

（33）重心后移到右腿上，左脚勾脚抬起，身体向 8 点前倾，头看 2 点，如图 8-160 所示。

图 8-157

图 8-158

图 8-159

图 8-160

（34）左脚后踏，双脚逆时针方向立转一周面向 1 点，右点丁字步高展翅（右手高左手低），如图 8-161 所示。

（35）小碎步跑向 8 点方位，双臂体侧顺时针方向画圆一周至 8 点上方，双臂并拢掌心向上，如图 8-162 所示。

（36）小碎步向 4 点后退，双手自上向下穿手，最后 1 拍，左手胯旁按掌，右胯旁斜后穿手，如图 8-163 所示。

第二遍音乐：

学生创编完成第二段舞蹈，教师个别指导。

图 8-161

图 8-162

图 8-163

思考与练习

一、思考

1. 舞蹈学习对形体训练的作用是什么？

2. 在形体展示的每个实例学习中，你的收获是什么？

二、创编练习

内容：成品舞蹈。

展现形式：个人表演创编的舞蹈。

目的：培养学生丰富的想象力和创编能力，进而将知识的创新、编排、传播和应用联为一体，达到塑造优美形体，提升艺术气质，提高内在修养的目的。

设计步骤：

1. 掌握各种民族民间舞蹈的韵律、基本动作。

2. 制定编排设计要求。

(1)选择音乐。时间为 4 分 30 秒左右的音乐。

(2)编排内容。舞种不限，在保持舞蹈风格特点的基础上，鼓励创编新动作。

(3)要有三种以上的节奏变化和三种对比(高低、快慢、大小)的运用。

(4)用文字记录组合。

3. 个人创编舞蹈。

4. 数节拍完成舞蹈。

5. 合音乐练习舞蹈。

6. 个人展示创编的舞蹈，学生互评，教师点评。

参 考 文 献

[1] 董凤雏. 礼仪. 北京：高等教育出版社

[2] 李正一，唐满城，黄嘉敏. 中国古典舞身韵. 杭州：浙江美术学院出版社

[3] 马力学. 中国民族民间舞教程

[4] 人民教育出版社体育室. 舞蹈. 北京：人民教育出版社

[5] 常蕙. 形体训练. 北京：高等教育出版社

[6] 吴亚娟. 大学健美操教程. 西安：西北工业大学出版社

[7] 北京教育委员会. 礼仪. 北京：同心出版社